外贸实操
从入门到精通

野生外贸人 Elisa ◎ 著

○ FOREIGN
TRADE

内容提要

本书从外贸开发信的构成讲起,逐步深入外贸工作涉及的各个环节,并在最后配合真实成交案例进行解析,重点介绍如何进行客户的开发、跟进和维护工作,让读者系统地学习到与客户进行沟通、谈判的方法和技巧。

本书共分为8章,主要内容包括开发信的构成、写作误区和三个写作要素;提高询盘回复率的方法和思路;外贸商务谈判的流程和沟通技巧;跟进客户的方法和注意事项;留住客户的三个"手段";社交工具的正确使用方法;参加外贸展会的准备工作构成和注意事项;成单实例过程解析。

本书内容通俗易懂,案例丰富,实用性强,特别适合刚刚入行的外贸新人阅读,也适合非外贸专业、对外贸感兴趣、想要入行外贸的其他人士阅读。另外,本书还可以作为外贸专业毕业生了解外贸实战相关知识的参考教材使用。

图书在版编目(CIP)数据

外贸实操从入门到精通 / 野生外贸人Elisa著. —北京:北京大学出版社,2022.7
ISBN 978-7-301-33053-1

Ⅰ.①外⋯ Ⅱ.①野⋯ Ⅲ.①对外贸易 Ⅳ.①F75

中国版本图书馆CIP数据核字(2022)第091783号

书　　名	外贸实操从入门到精通 WAIMAO SHICAO CONG RUMEN DAO JINGTONG
著作责任者	野生外贸人Elisa　著
责任编辑	王继伟　滕柏文
标准书号	ISBN 978-7-301-33053-1
出版发行	北京大学出版社
地　　址	北京市海淀区成府路205号　100871
网　　址	http://www.pup.cn　新浪微博:@北京大学出版社
电子邮箱	编辑部 pup7@pup.cn　总编室 zpup@pup.cn
电　　话	邮购部 010-62752015　发行部 010-62750672　编辑部 010-62570390
印 刷 者	大厂回族自治县彩虹印刷有限公司
经 销 者	新华书店
	880毫米×1230毫米　32开本　10印张　220千字 2022年7月第1版　2024年10月第3次印刷
印　　数	5001-7000册
定　　价	59.00元

未经许可,不得以任何方式复制或抄袭本书之部分或全部内容。
版权所有,侵权必究
举报电话:010-62752024　电子信箱:fd@pup.cn
图书如有印装质量问题,请与出版部联系。电话:010-62756370

前言
PREFACE

我真正接触外贸工作是从2015年开始的，当时，我一时冲动，选择了自考商务英语，并在笔试全部通过、实践考核还未来得及报名的时候，就摩拳擦掌，准备在商务英语的"对口行业"——外贸中一试身手。

起初，凭我的学历和经历，找工作可谓四处碰壁。大型外贸公司的招聘要求都如出一辙，比如通过英语六级考试、口语流利……而我呢？连商务英语专科毕业证都还没拿到手，哪家外贸公司敢聘用我？在不知投了多少份简历之后，终于，一家由一对夫妻开的小型贸易公司邀我入职。在入职一段时间后，我好奇地问起他们决定聘用我的原因时，他们说："你身上有一股劲儿，是我们非常欣赏的！"

所以，跌跌撞撞地进入外贸行业的我，并没有经过系统的学习和培训，有的只是一股拼劲！很多同事看了我写给客户的邮件后，经常发出"原来邮件可以这么写！"的感叹，或者"这种没有太多专业术语、行文日常化的邮件，真的能带来那么高的成单率？"的疑问，我想，或许正是因为我"不太专业"，跳出了外贸函电规范中的条条框框，才显得与众不同，从而让客户们眼前一亮吧！

随着成单率不断攀升、业绩越来越好，总有同事来问我："为什么同样的意思，我表达时客户就是无法理解，而你总能让客户心甘情愿地与你合作？你是怎么做到的？"事实上，我并没有使用什么高超的技巧，不过是遇事冷静一点，想问题用心一点，让自己站在客户的立场上多替客户考虑一点。

这不是一本传统意义上的外贸工作指导书，而是一本资深从业者的经验分享书，尤其是在业务邮件的写作手法上，本书并没有给读者提供放之四海而皆准的模板，取而代之的，是生动、平实、很具个人特色的范例，了解其中的写作思路后，再生涩的新手业务员也能写出属于自己的、能带给客户耳目一新之感的邮件。我坚信，以真情实感为出发点，写出来的文字更具感染力、说服力，工作中也能更加愉快、更有效率。

在本书的写作中，我始终坚持"想客户之所想，急客户之所急"的理念，不曾提及"成单秘籍""沟通法宝"等概念，且数次强调"做好自己该做的，然后，顺其自然、水到渠成"这一观点，看似佛系，其实是想告诉每一位看到本书的外贸从业者，工作中一定要拥有"平常心"，在谈合作、沟通订单详情的过程中，莫急，莫慌，相信你所付出的一切都是值得的——不是带来业绩，就是带来成长。

说实话，这本书是我硬着头皮写完的，因为写到一半的时候，我突然发现自己有些词穷，这才意识到，原来自己还有非常大的进步空间，还有海量的东西需要学习，还有无数专业知识并未完全掌握。不过，我还是诚意满满地完成了对本书的写作，不管是通过犯错总结的经验教训，还是反复摸索得到的方法技巧，我将自己能够想到的、有参考价值的外贸工作知识和盘托出，希望能够给外贸新人们带来一些指导和帮助，给一起努力的同行业伙伴们提供一些新的工作思路。

本书最大的亮点是真实案例较多，并针对外贸行业日常工作中时常遇到的问题，提供了解决思路和可参考的处理方法，希望大家能从中学到以下几点内容。

1. 开发信的构成、写作误区和写作要素；

2. 提高询盘回复率的方法和思路；

3. 了解外贸商务谈判的流程，掌握谈判技巧；

4. 高效跟进客户的方法和注意事项；

5. 留住客户的三个"手段"；

6. 社交工具的正确使用方法；

7. 如何进行外贸展会的准备，以及参加外贸展会时的注意事项；

8. 根据成单实例过程解析，了解成单技巧。

本书内容是我多年来从事外贸工作的归纳和总结，所涉及的理论知识不多，但真实案例和问题解决方法极具参考价值，能够为处于迷茫期的外贸人提供一些思路和帮助。希望读者在阅读中有所收获，这就是这本书真正的价值所在！

野生外贸人 Elisa

2022年4月21日

目录
CONTENTS

第 1 章
怎么写出个性化的开发信

- 1.1 开发信的构成 / 002
  - 1.1.1 标题 / 002
  - 1.1.2 正文 / 005
  - 1.1.3 称呼和签名 / 007
  - 1.1.4 开发信案例解析 / 009
- 1.2 实例解析错误的"经验之谈" / 024
  - 1.2.1 不要在签名处附带公司网站链接 / 025
  - 1.2.2 不要群发邮件 / 029
  - 1.2.3 不要长篇大论 / 034
- 1.3 写好开发信的三个关键点 / 036
  - 1.3.1 找对人 / 036
  - 1.3.2 找对切入点 / 038
  - 1.3.3 找对产品 / 040

第 2 章
如何提高询盘回复率

- 2.1 调查客户背景的常用渠道 / 044
  - 2.1.1 公司网站 / 044
  - 2.1.2 谷歌搜索 / 049
  - 2.1.3 谷歌地图 / 050
  - 2.1.4 海关数据 / 052
- 2.2 分析询盘信息从哪里入手 / 053
  - 2.2.1 询盘内容 / 054
  - 2.2.2 邮箱后缀 / 056
  - 2.2.3 客户信息 / 057

2.2.4 客户签名 / 058
2.3 量身定制回复思路 / 059
 2.3.1 对非专业客户的回复思路 / 060
 2.3.2 对专业客户的回复思路 / 063
 2.3.3 对定制产品的回复思路 / 066
 2.3.4 对模板式询盘信息的回复思路 / 069
2.4 制定详细的报价方案 / 073
 2.4.1 同款产品不同要求的报价 / 075
 2.4.2 同类产品不同等级的报价 / 076
 2.4.3 同级产品不同性能的报价 / 079
2.5 制定一个"B计划" / 081
 2.5.1 当客户不满意价格时 / 082
 2.5.2 当客户不满意质量时 / 084
 2.5.3 当客户不满意交期时 / 087
 2.5.4 当客户不满意服务时 / 089

第3章
外贸商务谈判的流程和技巧

3.1 面对面谈判的流程 / 094
 3.1.1 确定会面时间和地点 / 094
 3.1.2 谈判前的准备 / 097
 3.1.3 谈判中的注意事项 / 100
 3.1.4 商务餐、商务旅行的安排 / 102
 3.1.5 谈判后该如何跟进 / 104
3.2 邮件沟通的技巧 / 108
 3.2.1 用好"免费样品"这一招 / 109
 3.2.2 怎么委婉而不失礼貌地拒绝 / 113
 3.2.3 当好领导和客户的"传声筒" / 117
 3.2.4 如何巧妙地引导客户下单 / 120
 3.2.5 什么样的"逼单"方式不会引起客户的反感 / 123
 3.2.6 跟客户讲道理时要注意方法 / 127
 3.2.7 英语不好不是硬伤 / 134

3.3 面对不同客户的沟通之法 / 136
    3.3.1 粗心大意的客户 / 137
    3.3.2 自以为是的客户 / 139
    3.3.3 脾气暴躁的客户 / 142
    3.3.4 严谨、不懂变通的客户 / 144
    3.3.5 逾期不付尾款的客户 / 150
    3.3.6 常年询价不下单的客户 / 152

第4章
跟进客户的方法和注意事项

4.1 不要不合时宜地联系客户 / 156
    4.1.1 未被回复的邮件和即时消息 / 156
    4.1.2 联系客户切忌"用力过猛" / 160

4.2 勿犯"经验主义"错误 / 161

4.3 妥协要适度 / 164
    4.3.1 降价不要一步到位 / 164
    4.3.2 不要在客户面前过于谦卑 / 166
    4.3.3 不是自己的错,别轻易认 / 168

4.4 坚持"三心"原则 / 171
    4.4.1 对待客户要真心 / 172
    4.4.2 对待客户要用心 / 173
    4.4.3 对待客户要耐心 / 175

4.5 必要时,"套路"才能得人心 / 177
    4.5.1 多方协商、各退一步 / 177
    4.5.2 坚持底线、适当示弱 / 180
    4.5.3 优惠、折扣……还利于客户 / 182

第5章
留住客户的关键

5.1 让客户一直有"利"可图 / 185
    5.1.1 最低折扣 / 185
    5.1.2 特殊福利 / 187
    5.1.3 主动降价 / 189

5.2 怎样把服务做到极致 / 191
    5.2.1 说到做到 / 192
    5.2.2 及时反馈 / 194
    5.2.3 完美售后 / 196
5.3 当好客户的贴心"小助理" / 200
    5.3.1 客户忘记的事及时提醒 / 201
    5.3.2 客户讨厌的事有效避免 / 202
    5.3.3 客户在意的事不要忘记 / 205
5.4 客诉处理"四步法" / 206
    5.4.1 第一时间快速回应 / 207
    5.4.2 安抚客户情绪 / 208
    5.4.3 查明事情真相 / 210
    5.4.4 制定合理的解决方案 / 216

第6章
玩转社交工具

6.1 如何正确使用聊天工具 / 232
    6.1.1 WhatsApp的高效使用方法 / 232
    6.1.2 YouTube的高效使用方法 / 233
    6.1.3 Facebook的高效使用方法 / 235
6.2 别为了省事，忘记"发邮件" / 237
    6.2.1 重要的事情要发邮件备份 / 237
    6.2.2 订单细节要发邮件确认 / 239
    6.2.3 报价和PI（形式发票）要发邮件留存 / 240
    6.2.4 发邮件的好处 / 242
6.3 牢记业务员的工作任务 / 244
    6.3.1 不要进行没用的"闲聊" / 245
    6.3.2 不要做客户眼里的"老好人" / 249

第7章
外贸展会全攻略

7.1 参展前的准备 / 255

    7.1.1 怎么做市场调研 / 255

    7.1.2 怎么做展会策划 / 257

    7.1.3 参展人员需要准备些什么 / 261

    7.1.4 怎么邀约客户 / 264

7.2 让参展不虚此行 / 267

    7.2.1 如何了解同行 / 268

    7.2.2 如何向客户搭讪 / 270

    7.2.3 如何接待来访客户 / 271

    7.2.4 如何拜访老客户 / 273

第8章
成单实例解析：意外的惊喜

8.1 巨额订单"从天而降" / 276

8.2 来自大洋彼岸的礼物 / 279

8.3 迟到的付款水单 / 284

8.4 消失已久的客户，又返单了！ / 292

8.5 不知来自何方的"无名询盘" / 301

第 1 章
怎么写出个性化的开发信

互联网上关于外贸开发信的写作教程数不胜数,相关模板更是铺天盖地,眼花缭乱之际,很多从业新人不知道哪些是真正有用的,哪些是滥竽充数的。说实话,面对海量教程,我也曾经迷茫过,也试图按照业内前辈们的建议写过开发信,但是收效甚微。

直到有一天,我好像突然开窍了。团队中的小伙伴说我的开发信总是别出心裁,我说,我是一个喜欢剑走偏锋的人。今天的我,虽算不上"经验老道",但是对于写开发信已经有了一些自己的见解。希望此章内容,能对不知道写开发信该从何下手的外贸小伙伴们有所帮助。

本章主要涉及的知识点

◎ 开发信标题、正文、称呼、签名的写法
◎ 哪些"经验之谈"不能轻易相信
◎ 写好开发信的三个关键点:人、切入点、产品

! 注意

别人的"经验之谈"未必完全适合自己,实践才能出真知。

1.1 开发信的构成

说起开发信的构成，最重要的莫过于标题和正文。标题不吸引人，客户根本不会点开邮件；正文说不到点子上，客户就算看了邮件，也不会给予回复。

而签名呢？虽然相较于前两个要素，签名没有那么重要，但是也难免会遇到一些特殊情况。

假如一个客户对我的开发信产生了兴趣，想了解一下我所属公司的产品，结果通过邮件，除了知道我叫 Elisa，其他什么联系方式都没找到，客户会怎么办？有人说，他可以通过邮箱后缀找到公司网站查询所需信息啊！客户之所以是我们要努力开发的"资源"，正是因为他拥有选择权，既然不是非你不可，他为什么要费心费力地去寻找你的联系方式呢？这对客户有什么好处？除非他的订单很急，没有时间去筛选别的供应商，或者你的产品真的独一无二，让他一见倾心。

想写好一封开发信，先从了解开发信的重要构成要素开始吧！

1.1.1 标题

标题的重要性大家都知道，它决定了客户会不会点开你的邮件浏览正文，所以，能不能引起客户的兴趣是关键。

想要让客户对标题感兴趣，首先要了解客户的需求。了解客户需求最直接的办法莫过于分析对方的网站，因此，要重视那种邮箱地址中带公司后缀的客户，他们往往更加专业，所属公司也更加正规。

通过客户的网站，我们可以了解客户公司的最新目标市场及产品动态，知道该公司的起源和历史，甚至还能获取该公司高层领导的一些信息，再通过这些蛛丝马迹查到相关人士的联系方式。

正所谓"知己知彼，方能百战百胜"，通过客户的网站，找到与网站绑定的其他社交平台，逐层深挖，通常能比较客观地确定客户潜藏的实力。

对客户越了解，写出来的开发信越有针对性，也就越容易打动客户。而着手拟开发信的标题时，就可以参考客户的网站，找到客户最感兴趣、最在意或最引以为傲的点，然后直击痛点。

如果客户所留的联系邮箱是私人邮箱，相对而言，通过社交平台找到客户更多信息的可能性不大。我曾经多次尝试利用客户私人邮箱地址中的信息挖掘更多其任职公司的信息，运气好的时候，也可以查到对方的LinkedIn（领英）、Facebook（脸书）等与任职公司相关的社交账号，但是能从中获取的有价值信息十分有限，也很难找准切入点。

所以，虽然私人邮箱也能帮我们与客户建立联系，但其中有很多不确定的因素存在，它不像客户的网站那样，能让我们直观地了解客户的需求，从而对客户作出准确的判断，写开发信自然就不太好落笔。

虽然我们要认真对待每一位客户，但出于对投入产出比的考虑，不得不对他们进行等级划分。写开发信时，切忌"无差别"对待，要做好取舍和规划，有所侧重。还是那句话，人的精力有限，要把80%的精力用在20%的客户身上，因为这20%才是决定你业绩高低的关键所在。

因此，在写开发信之前，务必要先对客户进行背景调查，随后划分等级，最后根据等级的高低着手写相应的开发信。

有人可能会问，那标题究竟应该怎么写才能提高客户打开邮件的概率呢？以下是我常用的几种标题类型，供大家参考。

情况一：当发现客户网站上展示的产品和我们的某款产品类似，标题就用客户产品的名称；

情况二：当某款与客户需求对口的产品升级换代了，标题可以用"a better product than ××"；

情况三：假如知道客户公司某位高层领导的名字是Chris，标题可以用"Greetings to Chris+客户公司名称"；

情况四：当通过海关数据了解到客户经常购买某款产品时，标题可以直接用那款产品的名称。

以上这些方式仅供参考，实际工作中，业务员可以把自己代入买家的角色，分析客户的心理，相信会有不一样的收获。

总之，要站在客户的立场上思考问题，客户对什么信息感兴趣，标题就围绕它来命名。

一个吸引人的标题，是刺激客户打开邮件的关键。否则，不管你花了多少力气去寻找客户，倘若开发信发出后没有任何回应，一切都只是徒劳无功罢了。

> **说明：** 我对邮箱地址中带公司后缀的客户有一种天然的好感，这也是我在接触初期对客户进行等级评定的重要指标。事实证明，此类型客户，成单潜力和返单率都远远高于以私人邮箱作为联系方式的客户。

1.1.2 正文

我听过、看过很多外贸前辈的分享，几乎所有人都在说，开发信的正文内容要尽可能短、不要长篇大论、要让客户在5秒钟内浏览全文等。我相信这有一定的道理，但没有经过亲自验证，就不能将其当成绝对的真理，毕竟"尽信书，则不如无书"，事事无绝对。

如果有用三言两语讲不明白的事情，多写一些介绍和说明也未尝不可，关键是你的开发信中必须要有吸引人的内容，让客户有欲望和兴趣读下去。

我相信大家都看过小说和电视剧，有的人，起初只为打发时间，但越看越上瘾，甚至为了能尽快地知道大结局，通宵追剧，第二天带着"熊猫眼"上班。对于写开发信，也是同样的道理。首先要引起客户的兴趣，勾起对方的好奇心，然后再经过一系列环环相扣的引导，让客户记住你、相信你，最终放心地把订单交给你。

有的人可能会说，这些道理谁都明白，关键是怎么才能迅速引起客户的兴趣呢？正如前文所说，可以以客户网站为参考，找到突破口。

想达成合作，就要想办法让客户开口说话，他说的越多，你对他的了解就越多；他透漏的信息越多，成交的可能性就越大，毕竟，谁也不会把时间浪费在一件没有意义的事情上面，商人更是如此。

因此，业务员要学会对客户给予的各种信息加以分析，结合自己公司产品的卖点和特性，对客户进行适度营销。

找到能引起客户兴趣的点，会让对方迅速对你的开发信有想要探究的欲望，但切记不要在第一封邮件中将所有信息全盘托出，要留一些问题让客户去思考，引导他进一步发问，也给自己再次发邮件争取合作留出空间。

比如，你所推荐的产品，客户之前没有用过，那么第一封邮件可以帮助客户开拓更多市场为切入点；如果客户不回复，在第二封邮件中，就以某个成功客户的实际案例来进一步吸引客户；第三封邮件，可以说说当地市场某些客户的正向反馈，来打动客户……总而言之，在写开发信的时候，要尽可能"忘我"，即多说"你""你们"，少用"我""我们"，多说"你能得到什么"，少说"我能做什么"。

查看开发信不像询盘，客户没有那么强的目的性，甚至多数客户都有自己稳定的合作供应商，很少因为看了一封开发信就决定更换供应商，除非业务员运气好到爆表，开发信恰好在对方寻找新的合作供应商时发出。就像我的一位同事G那样，刚入职时，群发无数封开发信，刚好遇到有客户需要，没两天就成交了一个大客户，立刻成功转正。

多数时候，很难拥有这种运气，而且一个客户的成交，是很多因素共同促成的结果，运气，是其中最不可控的因素。

因此，不要有不切实际的幻想，写开发信是需要耐心和反复练习的，也可以说是相当折磨人的，要做好打持久战的准备，尤其是面对资深客户、优质客户，心急吃不了热豆腐，不要指望人家立刻下单。

我曾经用了将近八个月的时间，才最终谈成一个优质客户，现在回头想想，感谢自己的坚持！

总之，开发信发出后，不要指望对方马上回复，不回复也不代表就没有希望。抓住时机，可以进行二次争取、三次争取，甚至多次争取。只要是自己认定的优质客户，就不要轻言放弃，根据实际情况调整应对策略，总会有柳暗花明的时候。

1.1.3 称呼和签名

大家都知道，开发信能否成功的关键在于标题和正文内容，但是不是表示别的方面都不重要呢？当然不是，比如开发信中的称呼和签名，写得好，也有助于合作的达成。

对此，我可以用一件发生在自己身上的事情来举例。

我现在时常会收到一些开发信，多数平平无奇，但是其中一个人的开发信让我印象深刻，只是因为邮件中的一个称呼。

每次，他的邮件开头都是 Dear Sophia，而我们公司刚好有一位名叫 Sophia 的业务员，所以每次收到这个人发来的开发信，我都会不自觉地看看内容，久而久之，也对发邮件的这个人有了印象。

而对于那些以"Dear Manager"等称呼开头的开发信，我通常只是草草浏览，对于没有称呼、毫无礼貌的开发信，更是看都不看就直接删除。

讲这个例子，是想告诉大家，虽然只是一个小小的称呼，却也能给客户带来不一样的感受，进而产生不一样的结果。

在开发信中，很多人因为不知道客户的名字而直呼"Hi Sir"或

"Dear Manager"，看起来似乎没有什么问题，但是这种邮件客户看得太多了，甚至已经反感了，如果将称呼改为客户公司具体员工的名字，观感会迅速提升，因为这至少说明你提前做了功课，对该公司有所了解。

很多人在对客户一无所知的情况下，仅靠一个不知道从哪里找到的邮箱地址，就开始不停地给对方发开发信。客户要什么？不知道。自己推荐的产品是否与客户的需求相匹配？也不知道。这样一封开发信，怎么吸引得了客户的眼球呢？业务员用不用心，其实从对客户的称呼上就能看得出来。

浏览客户的网站时，你总能在上面发现一些人的名字。不管是CEO（首席执行官）的名字，还是某位项目经理的名字，但凡有一个具体的名字，就比宽泛的Sir或Manager更能引起对方的注意，正如我在上述例子中所讲的那个和我同事同名的"Sophia"一样。

至于开发信中的签名部分应该留哪些信息，我想说的是，与其对前辈们的建议"唯命是从"，不如将每一种你经过思考后觉得可行的方式（不管是否有前辈说它不可行）都进行尝试，只有这样，才能清楚那些所谓的经验是真有道理，还是只是部分有道理，或是压根就没道理。一个优秀的业务员，一定不能墨守成规，一种方法行不通，那就换另一种试试，再不行，再换，直到达成目标为止。

很多人被所谓的经验困住，自己没做成功的事情，就片面地以为别人也不可能做成功，但很多东西并非一成不变，做业务要懂得变通。比如很多人说签名部分不要留公司网站的链接，可是我偏偏因为曾经在签名中附带公司链接成交过一个客户（详见1.2.1小节的案例）。

1.1.4 开发信案例解析

很多人喜欢看具体案例分析,因为道理说起来都懂,真正操作起来好像就是另外一回事了。那么,这一小节,我们就从两个实际开发信案例讲起!

1. 开发信案例一

大家要知道,面对新客户,第一封开发信的主要目的不是成单,而是用不让客户反感的营销方式去调动客户的兴趣,得到回复和进一步互相了解的机会。

如果第一封开发信只是空泛地表达着"我的公司很知名""我作为业务员很资深",而没有任何吸引客户的产品来抓住他的眼球、调动他的兴趣,人家凭什么浪费时间回复你呢?

比如,当你在客户网站上看到下面这段话的时候,脑子里第一时间想到的是什么?你认为客户想要通过这段话表达什么?

×××(a Michigan based company)was founded by a Police Chief who was shot in the line of duty and seriously wounded by robbery suspects. This incident occurred along a dark stretch of roadway …

翻译注释:

×××(一家总部位于密歇根州的公司)由一名警察局长创立,他在执行任务时被抢劫嫌疑人开枪击中,身受重伤。这起事件发生在一条黑暗的道路上……

当我在客户网站上看到这段话时,我把目光定格在了"Police Chief"上,我认为,专门在公司网站上介绍这个情况,说明客户对自己的职业和经历是相当自豪和骄傲的,以这个为引子来建立跟客户之间的联系,会更容易勾起他回复的欲望。

于是,我的开发信是这样写的。

Hello, ××,

This is Elisa from a Chinese company named ×× Co., Ltd. I'm so glad to get your news from Internet. I know your company was founded by a Police Chief, so I think The Lights must be used with specific requirements, and the quality must be guaranteed.

As a lighting company specializing in digital RGB LED products for several years, we hope that we can have the opportunity to cooperate with you.

Hope there is something helpful we can do for you based on mutual benefits.

https://www.×××.com is our web page for your reference.

Best regards,
Elisa

翻译注释：

你好，××

我是来自中国××有限公司的 Elisa，很高兴从互联网上得到你的消息。我知道，贵公司是由一位警察局长创办的，所以我认为对灯的使用有特定的要求，而且质量必须有保证。

作为一家专注于数码 RGB LED 产品多年的照明公司，我们希望有机会与您合作。

希望我们能在互惠互利的基础上为您做一些有益的事情。

https://www.×××.com 是我们公司的网页，供您参考。

致以最诚挚的问候，

伊莉莎

我写这封开发信的目的只是尝试与他建立联系，虽然隐约觉得他会回复，但是就算他不回复，我也为下一次跟进做好了准备。

幸运的是，他回复了！

Hello, Elisa,

Yes, the Police Chief is me.

Thanks for your information. Please give me some time to look everything over and I will be in touch with you.

Thanks again,

××

翻译注释：

你好，伊莉莎

是的，你提到的警察局长就是我。

谢谢你的信息。请给我一点时间，让我把一切都看一下，我会和你联系的。

再次感谢，

××

然而，几天后，我并没有收到他的消息。

当客户说"我几天后与你联系"或者"我下个月就下单给你"的时候，很多业务员会选择被动等待，怕联系客户太频繁，让对方反感或不悦，其实这种做法是欠妥的。客户很忙，可能那句"I will be in touch with you"只是他的随口敷衍，也可能他转头就忘记了自己的"承诺"，而我们还在傻傻地等着。

因此，当客户不再给我们发消息的时候，业务员不能仅仅等待，要学会主动出击。

于是，我又发出了第二封邮件。

Hello, ××,

Hope you are doing well!

Several days are gone, and I still haven't received your updates yet. I think perhaps you forget me. To be honest, I'm curious about your product application. I'm a big fun of police work. So if anything I can help you on

LED lighting's use, I'd love to do it. It would feel so good and I would also be proud of myself.

Best regards,

Elisa

翻译注释：

你好，××

希望你一切都好！

几天过去了，我仍然没有收到你更新的消息。我想，或许你已经把我忘了。说实话，我对你的公司应用的产品很好奇，并且我很崇拜从事警察这份工作的人。所以，如果在灯具的使用上，我有任何可以帮到你的地方，我都很乐意去做。那种感觉会很棒，我也会为自己感到骄傲的。

致以最诚挚的问候，

伊莉莎

很快，我收到了他的再次回应。

Hello, Elisa. The web address you provided in your first e-mail isn't working. We are looking for a most effective version of a Cree XQE in white and an IR version of the same LED that is 850nm. Do you have anything?

翻译注释：

你好，伊莉莎。你在第一封邮件中提供的网站地址打不开。我们正在寻找最高效的白色 Cree XQE 和同一灯珠的 850nm IR 款，请问你能提供吗？

虽然因为这个客户所需的产品与我们主营的产品有出入，最终我们并没有达成合作，他也不是我需要重点跟进的客户，但是最起码我们建立了联系，并且我了解了他的具体需求，为后续合作打下了基础。

业务员要清楚地知道，并不是每一个建立了联系的客户都能最终完成成交，做外贸工作要端正心态，戒骄戒躁，稳中求胜。

2. 开发信案例二

2020年的圣诞节，我在一个外贸网站上发现了一个发布于2017年的询盘信息。产品对口，而且有具体的客户邮箱，我便以那款产品的名称为标题，试着发了一封简单的开发信，虽然在这一过程中，我心里想着："这毕竟是较长时间前的询盘信息了，有可能当时发信息的人早已离职了！"

果不其然，邮件发出后被退了回来。但是，通过邮箱后缀，我轻松地查到了对方的公司网站，发现这居然是一个潜在的优质客户——一家实力雄厚的上市公司！

我仔细浏览了对方的网站，除了了解了对方的产品需求之外，还发现了更多关于该公司高层领导的信息。为确保客户能看到我的邮件，我通过谷歌搜索该公司CEO的名字，首先结合社交平台了解了更多他的个人信息，然后用了一个很简单，甚至有点侥幸的方法找到了CEO的邮箱（CEO名字+公司邮箱后缀），并通过提供邮箱验证服务的专业网站确认了邮箱的有效性。

最后,我着手写下了一封邮件。

Hello, Roland,

This is Elisa. Merry Christmas to you! Hope this mail finds you well.

From your website, I know the power adapter is what you need for your products. Also, I got to know that your colleague Mr. Heinz was interested in Desktop Adapter 15VDC/3A before. Below is the introduction of my company's products.

- Desktop & Wall-mounted adapter on sale
- White or black case for optional
- 3 years warranty
- Global safety certificates: UL, TUV, GS, PSE, RCM, SAA, C-tick, KC, GS, BLS, CE, FCC, CCC, NOM
- Customized AC/DC plug
- 1.2m/1.5m or customized cable line
- 5.5 × 2.1/5.5 × 2.5mm DC jack or customized

We'd like to provide you with a free sample for testing and free shipping as a Christmas present, just for a possibility of cooperation with you.

This way you will have more choices, even though you may have many power suppliers in cooperation. I won't give up any chance, and I'm looking forward to your early reply.

Thank you!

Best regards,

Elisa

翻译注释：

您好，罗兰

我是伊莉莎。祝您圣诞快乐！见信好。

从贵公司的网站中，我了解到，电源适配器是你们所需要的产品，另外，我知道您的同事海因茨先生之前对15VDC/3A的桌面式电源感兴趣。下面，是对我的公司能提供的相关产品的介绍。

- 桌面式&插墙式电源在出售
- 白色或黑色外壳可选择
- 三年质保
- 全球安全认证：UL、TUV、GS、PSE、RCM、SAA、C-tick、KC、GS、BLS、CE、FCC、CCC、NOM
- 可定制AC/DC插头
- 1.2米/1.5米线长，可定制
- 5.5×2.1/5.5×2.5mm DC头，可定制

我们可以给您提供免费样品，并且作为圣诞礼物，此次免运费，只为了争取合作的可能性。

这样，您将拥有更多的选择，尽管您可能已经有很多在合作的电源供应商了。我不会放弃任何一次机会，期待能尽快收到您的回复！

谢谢！

致以最诚挚的问候，

伊莉莎

然而，邮件发出后好几天，客户并没有回复我，虽然我收到了他的已读回条。事实上，收到已读回条后，我没有立即发第二封邮件，

因为找不到一个再次发邮件的理由,而且心里隐隐地有一种感觉:"人家是上市公司的CEO,哪有时间搭理我这么一个名不见经传的业务员?"

但是,骨子里的不服输让我并没有轻言放弃。我跟自己说,哪怕只有万分之一的希望,我也得试试。

于是,几天后,我鼓起勇气发出了跟进邮件,具体内容如下。

Dear Roland,

How are you? This is Elisa again.

So glad to get the news that you have received my last e-mail.

I think perhaps you are too busy to purchase the products in person, and you may have a dedicated purchasing team. If so, is it possible to let me know the e-mail address of the person involved? I know you have enough good suppliers, but I just want to get a chance with all my efforts.

Thank you very much!

Kindest regards,

Elisa

翻译注释:

亲爱的罗兰

您好吗?我是伊莉莎,我又给您写信了。

很高兴得知您已经收到了我的上一封邮件。

我想,或许您太忙,没办法亲自采购产品,而且您可能有专业的采购团队。如果是这样的话，有没有可能把相关人员的邮箱地址告诉我呢？我知道您有足够多的优秀供应商，我只是想尽自己的全力，得到一次机会。

非常感谢！

致以最诚挚的问候，

伊莉莎

没想到，当天晚上，我就收到一个大大的惊喜！

Dear Elisa,

Our purchasing department's contact information: ×××@×××.ch

Best wishes and all the best to you!

Roland

翻译注释：

亲爱的伊莉莎

我们公司采购部门的联系方式：×××@×××.ch

祝你一切顺利！

罗兰

人有时候会在不知不觉中给自己设限，认为一些还没做的事情做不到，从而放弃了原本该有的努力。比如，一名普通的业务员，很容易对项目经理或CEO产生佩服、敬畏的情绪，认为自己低人家一等，不敢与对方进行交流、沟通。

在自认为身份不对等的情况下，沟通过程中，弱势的一方常会表现出过分的卑微，沟通结果可想而知。

在与职位高于自己的客户沟通时，业务员首先要做的是摆正心态，把自己放在与对方平等的位置上。因为不管双方职位高低，彼此是平等互利的合作关系，此时要想达成交易，不卑不亢才是优秀的业务员该有的气场和风度。

得到对方采购部门的联系方式后，我开始给采购负责人发邮件，此时，自然少不了要提一下他们公司的CEO——Roland，毕竟由CEO亲自引荐，成功的可能性更大。

第一封邮件如下。

Dear Claudia,

How are you? This is Elisa.

I got your e-mail address from Roland. He is really so nice!

From the previous inquiry, I knew your company was interested in Desktop Adapter 15VDC/3A. I think perhaps you still need it or some other items.

Some standard ones as attached or customized items can be provided if necessary.

- Desktop adapter & Wall-mounted adapter
- 3 years warranty
- Global safety certificates: UL, TUV, GS, PSE, RCM, SAA, C-tick, KC, GS, BLS, CE, FCC, CCC, NOM

As I said to Roland, in order to get an opportunity of cooperation with you, we decided to provide you with a free sample and free shipping at the same time. Is it possible to let me know more details about one of your required adapters, so that we can do the free sample more perfectly?

Looking forward to your feedback. Thank you!

Kindest regards,

Elisa

翻译注释：

亲爱的克劳迪娅

你好吗？我是伊莉莎。

我是从罗兰那里得到你的邮箱地址的。他真的太好了！

从贵公司之前的询盘信息中，我知道你们对15VDC/3A的桌面式电源感兴趣。我想或许你仍然需要它，甚至还需要一些别的款式。

更多常规款请查阅附件，如果有必要的话，我们也可以提供定制款。

- 桌面式电源&插墙式电源
- 三年质保
- 全球安全认证：UL、TUV、GS、PSE、RCM、SAA、C-tick、KC、GS、BLS、CE、FCC、CCC、NOM

正如我对罗兰说的那样，为了得到一次与贵公司合作的机会，我们决定提供免费样品，并同时免去邮费。有没有可能让我们知道更多有关你们需要的电源的细节？这样我们就可以更好地寄出免费样品给你们了。

期待你的反馈。谢谢!

致以最诚挚的问候,

伊莉莎

没想到,这次,我还是只收到了已读回条。于是,第二天,我继续发邮件争取合作。

Dear Claudia,

This is Elisa again. I hope I'm not disturbing you.

In the previous inquiry form your previous colleague about 15V3A, she said UL listed is needed, so please check the attached certification report for your reference.

By the way, maybe you are curious about our company. Actually we are a newly registered trading company doing export business. The product coverage is very wide, so there is not only the power adapter, if you need to purchase other products from China, you can also contact me for help.

We are a agent of the power adapter manufacturers, so we can get goods from them at a better price, and a better quality assurance.

There are some foreign customers who buy products from China, but the quality cannot be effectively guaranteed. Therefore, an intermediary is required to test before shipment to ensure that the products are qualified. This is what we need to do.

If you need my help, please don't hesitate to contact me at any time.

Thank you!

Kindest regards,

Elisa

翻译注释:

亲爱的克劳迪娅

我是伊莉莎,我又给你写信了。希望我没有打扰到你。

你的前同事曾对型号为15V3A的产品进行询价,她要求产品有UL认证,请查收附件,有认证报告供你参考。

顺便说一下,你可能会对我们公司感到好奇。事实上,我们是一家从事出口贸易的新注册的贸易公司。(我们公司的)产品经营范围很广,并不是只有电源适配器,如果你需要从中国采购别的产品,你也可以联系我寻求帮助。

我们是众多电源适配器制造商的代理商,所以我们可以以更低廉的价格从他们那里获取产品,并且得到更好的质量保障。

有一些国外客户从中国购买产品,质量不能得到有效保障,因此,发货前,需要中间人(对产品)进行检测,以确保产品合格,这正是我们需要做的。

如果你需要我的帮助,请随时与我联系。

谢谢!

致以最诚挚的问候,

伊莉莎

我一直相信,未尽全力时,别轻言放弃,说不定惊喜就在你咬牙坚持后的下一秒出现。果然，这一次，我收到了对方的回复。

Dear Elisa,

Thank you for the information.

For the moment we don't need any power adapters. But if we have a new project I will contact you. Thank you.

Best Regards,

Claudia

翻译注释：

亲爱的伊莉莎

感谢你的信息。

现在我们不需要任何电源适配器，但是如果我们有新的项目，我会联系你。谢谢。

致以最高的问候，

克劳迪娅

虽然目前暂无订单，但是我们成功地建立了联系。

万事开头难，欲速则不达，对于这种可称为"资深潜力股"的优质客户，想获取他的信任，没那么容易，第一步，必须先让他对你有印象。

只要他能记住你，你就向成功迈了一大步，后面再制定进一步的跟进计划，达成合作是迟早的事情。

随着工作经验的增加,我发现,不同客户需要被不同对待,这也就是为什么销售这个岗位的入行门槛相对较低,但后期需要学习很多东西。做外贸工作,不仅仅是英语水平高就可以了,还有很多其他的要求。

在这个行业扎根越深,你身上潜移默化的改变就越多。

比如我,原本是一个性格内向的人,但在与各式各样的客户打交道的几年中,我的表达能力得到了充分的锻炼,曾经在一次团队会议上一个人说了将近三个小时,聊起客户来头头是道。不过,我只有在聊起与客户相关的话题时,才会激活自己身上的外向细胞,有说不完的话。

所以,不要再说"我性格内向,不适合做外贸工作"这样自欺欺人的话了,性格决定不了职业选择,一个你真正热爱的职业,会慢慢改变你的性格。

1.2 实例解析错误的"经验之谈"

外贸新人在参加面试的时候,总是免不了被问到"有没有工作经验"这样的问题,哪怕只是实习过,似乎也比毫无经验的新人更容易被录用。

但是我认为,经验固然可以帮助我们少走一些弯路,但凡事都有两面性，随着时代的发展，那些看似久经考验的经验也未必都是不需要优化、调整，甚至改变的。

因此，不要盲目相信别人传授的"经验"，因为那并非亘古不变的"真理"，凡事总有"万一"。

今天，就让我结合自己在外贸工作中遇到的实际案例，来跟大家说说我经历过的那些错误的"经验之谈"。

1.2.1　不要在签名处附带公司网站链接

2016年6月23日，我发出了一封这样的开发信。

Dear Wayne,

Hope this mail finds you well.

This is Elisa from ×× Co., Ltd, a manufacturer of LED light for many years.

Our main lines of product include: LED module, LED strip, LED pixel light, LED controller, power supply, etc.

We have some partners in the USA, such as ×××, ×××, ×××（一系列合作的公司名称）, etc.

Do you have any inquiries about the Product now? If you do, please feel free to contact me.

We hope you can make the world colorful with us.

Have a nice day!

Kind regards,

Elisa

翻译注释：

亲爱的韦恩

见信好。

我是伊莉莎,来自××公司。我们是一家拥有多年LED灯具生产经验的制造商。

我们主要的产品包括LED模组、LED灯条、LED点光源（LED像素灯）、LED控制器、电源等。

我们在美国有一些合作伙伴,比如×××,×××,×××等公司。

请问你现在有什么产品需要询价吗？如果有,请随时与我联系。

我们希望你能和我们一起,让这个世界多姿多彩。

祝你有美好的一天！

致以亲切的问候,

伊莉莎

可以说,这是一封极其平常、没有亮点的开发信,相信很多外贸新人都能写得更好。而且,除了文字生涩之外,在邮件正文中,我还使用了两个幼稚的小表情,当时自以为亲切、热情、接地气,直到被领导劈头盖脸一顿痛批之后才意识到,这种表达既不成熟,也不专业。

然而,就是这样一封不够成熟、不够专业的开发信,在一个月之后,奇迹般地收到了客户的回复。

Hello, Elisa,

Can you get me the price of 6820–50 White?

I need 800 EA.

Please let me know.

Thanks!

Chris

翻译注释：

你好，伊莉莎

你能告诉我型号为6820-50、白光的产品价格吗？

我需要800个。

请告诉我。

谢谢！

克里斯

回看开发信原文，除了在签名处附带了公司的网站链接之外，我并没有提供更多的产品信息，而客户的购买意愿如此之强，着实出乎我的意料。惊愕之余，我不免有点儿沾沾自喜。当时，我刚刚入职，在没有任何客户资源的情况下，通过这样一封开发信收获了一张订单，确实给我接下来的工作带来了很大的自信心。

与这位客户之后的沟通也无比顺畅，只经过两三封邮件往来，客户就直接下了单、付了款。越过了咄咄逼人的砍价环节，这张订单就这样顺利地成交了。

我相信，每一张订单的成交都绝非偶然，哪怕运气成分占很高的比重，也一定有运气之外的其他原因存在。

于是，针对这张订单，我进行了深刻的思考和总结。最终，我得出一个结论：抛开运气成分不计，最重要的是我在开发信后设置了签名，签名中附带公司的名称、地址、网站链接，还有个人的联系方式。客户在回复邮件中提到的6820-50款产品，正是公司在网站中展示的产品之一。

当我还是外贸新人的时候，经常通过阅读业内神级人物在相关论坛中分享的帖子来汲取能量，也确实从中学到了不少东西，甚至一度把他们的经验之谈奉为真理，觉得人家入行早、懂得东西多、经验丰富，肯定说什么都是对的。

直到发生了这件事情，我才终于明白，前辈们过往经验中"不要在签名处附带公司网站链接"的说法是值得商榷的，是不一定正确的。

事实上，业内前辈并非无所不知、无所不晓，随着时代的发展、技术的更新，他们总有出现认知偏差的时候，经验也需要"与时俱进"。

身为业务员，一定要具备探索精神和怀疑精神，不能满足于照葫芦画瓢，也不能别人说什么就信什么，全盘相信或不屑一顾都不如自己亲自去试一试，毕竟实践才是检验真理的唯一标准！

当你用同样的方式发了无数封开发信，仍然没有成交记录的时候，是不是应该尝试一下你从未用过的方法呢？

试了，会有50%的成功率，说不定运气来了，可以像我一样轻而易举地得到一个客户；而不试呢？就100%地失去了成功的可能性。

因此，我认为，任何时候，别人的经验都只能作为参考，只有靠自己提炼、总结出来的经验，才是真正属于自己的！

1.2.2 不要群发邮件

大家都知道，要想把开发信写到客户心坎里，必须经过认真分析，有针对性地去写，这样得到客户回复的可能性才更大，但是这并不代表不能群发邮件，两者之间其实并不矛盾。

首先，并不是每一个客户都值得业务员花费大量的心血去跟进，好钢必须要用在刀刃上，业务员的精力也要放在真正值得的客户身上才有意义。

倘若业务员在一些小客户身上消耗过多的精力，势必在大客户那里有所懈怠，这就得不偿失了。因此，我建议大家在认真对待每一个客户的同时，也要有所侧重。

其次，业务员在得到一定数量的客户资源之后，一定会做的一件事就是对客户进行等级划分。对于已知的有实力的"潜力股"客户，要重点培养，采取"一对一"的服务策略；而对于费尽心力也无法查到任何有价值的信息的客户，不妨先以群发邮件的形式进行初次接触，再根据客户的反应作出相应的战略调整。

就像房产销售一样，销售员需要经过层层筛选，最终选出购买意向最强烈的几个客户进行重点跟进，才能提高成单率，这就是"广撒网，多敛鱼，择优而从之"的意义所在。

当然，收到群发邮件的客户，也未必都是无实力的"小虾米"，说不定会有一些漏网之鱼，我所属团队中的小伙伴G，之前就通过群发邮件捞到了"大鱼"。

G的群发邮件是这样写的,在邮件末尾,她还附上了所推荐产品的图片和参数。

Dear Purchase Manager,

This is ××. I hope I'm not disturbing you!

We are so glad to hear that you are on the market for LED strips.

Below is a specially designed PC board that is made to bend, twist and fold, to create custom curves, corners and zia-zags while still adhering to your flat surface.

If you really need it, free samples will be sent to you for testing.

Waiting for your further comments!

××

翻译注释:

亲爱的采购经理

我是××。希望我没有打扰到你!

我们很高兴听说你从事灯条生意。

下面是一款经过特殊设计的PC板,该PC板可以弯曲、扭曲和折叠,以便在以自定义曲线、拐角和锯齿状形态存在时,仍然可以贴附在平面上。

如果你真的需要它,我们可以发免费样品供你测试。

等待你的回复!

××

客户的回复很简单。

Thank you for your message! Someone from our team will contact you as soon as possible.

翻译注释：
感谢你的消息！我们团队中将会有人很快联系你。

G本以为这只是一次礼貌性的回应，便回复了一封感谢邮件，没有继续跟进。没想到，三个月后，她竟然真的收到了客户的需求邮件，邮件中随附了三款产品的链接，链接均来自我公司最大的美国客户的网站。

Hello, ××,
Please let me know if you can supply any of these EXACT products.
（产品1的链接）
（产品2的链接）
（产品3的链接）
We have a container leaving from Shanghai in a couple of weeks. Please reply as soon as possible.
××

翻译注释：

你好，××

请告诉我你是否能准确地提供以下产品。

（产品1的链接）

（产品2的链接）

（产品3的链接）

我们有一个集装箱将在几周后从上海出发，请尽快回复我。

××

G收到邮件后，立刻根据防水和不防水的区别，分别给客户报了样品的价格，客户接下来的邮件回复简直让她不敢相信。

Hi, ××,

I would be happy to start working with your company but the prices are not good...

We get significantly better quotes from other suppliers.

We are one of the largest Arduino/Raspberry Pi re-sellers both in the USA and Canada. This is a first/sample order.

Please provide your best pricing for 1000m each (FOB Guangzhou).

Please advise us of the lead time.

All LED strips must come on 4~5m reels and have JST connectors on both sides.

We need to make a decision as soon as passible. I will submit a payment as soon as we decide on the supplier.

Please reply at your earliest convenience!

××

翻译注释：

你好，××

我很乐意开始与贵公司合作，但是你们的价格没有吸引力……

我们从其他供应商那里得到了明显更优惠的报价。

我们是 Arduino/Raspberry Pi（制作开源硬件和开源软件的公司）在美国和加拿大最大的分销商之一。这是第一张订单（试订单）。

请提供千米每款的最优惠价格（广州离岸价）。

请将交货时间告诉我们。

（我们最终所需要的）所有的灯条产品必须是4~5米一卷，并且两头都要出JST端子线。

我们需要尽快作决定。一旦我们确定了供应商，我会立刻安排付款。

请在你方便的时候尽快回复我！

××

后来，G又与对方沟通确认了一些细节，并另外送了五款免费样品，客户就确定与我们合作并付款了，最终成交金额约两万美元，差不多完成了转正后业务员一个季度的业绩目标，而当时的G不过是刚入职公司不到三个月的新人。因为这张订单，G成为公司业务员中转正速度最快的一个。

这张订单的成交，在公司引起了不小的轰动。多数人认为G是得到了爆棚的好运气，和她同一批入职的业务员们，无一不向她投去羡慕的眼神。

但在我看来，运气只是她获得成功的因素之一。

在别人天天抱怨没客户、没业绩、坐等询盘信息上门的时候，她坚持天天写开发信、发邮件，哪怕被退信无数次，也没有丝毫懈怠。我想，倘若她中途选择放弃，这种好运气根本不会属于她。

别人看到的往往只是结果，而真正起关键性作用的，是努力尝试与争取的过程。

身为业务员，永远不要在还没开始行动时，就先否决了努力的意义，只有努力的人，才有可能被好运气眷顾！

1.2.3 不要长篇大论

说起"长篇大论"，我想我是比较有发言权的，因为面对客户时，我真的是一个"话痨"。

举个最简单的例子吧，发货之后，大多数业务员可能直接给客户发一个物流单号就结束交流，而我，还要"画蛇添足"地多说几句："You can follow it up via this link ××. Hope you can receive it soon. Please feel free to contact me for any further comments. Thanks!（你可以通过××这个链接进行跟进。希望你能尽快收到货，有任何进一步的反馈，请随时与我联系。谢谢！）"每次，如果不说后面这番话，我心里总感觉少了些什么。

而对于邮件中的"长篇大论"，我也颇有心得。开发信写得比较长这个习惯从我做外贸工作的第一天开始就从未变过，这么多年，从来没有任何一个客户嫌弃我的话太多。

所以，我对外贸行业内流行的"开发信不要写得太长"这个说法持保留意见。

我一直相信，只要开发信言之有物，能让客户产生阅读的兴趣，篇幅的长短并没有那么重要。关键问题在于，大多数开发信都是中规中矩地介绍自己、介绍公司、介绍产品，忽略了"客户能从中得到什么"，而这才是对客户来说真正有价值的点。

通过本章1.1.4中的开发信案例二可以看出，我的开发信篇幅并不短，但并没有用多少笔墨介绍公司，而是着重推荐了产品，表达了想要合作的意愿，说明我提供免费样品之后客户能从中得到什么。

可以说，这是我写开发信的一贯风格。我不会在刚开始接触时就"放大招"，为了与新客户达成合作而刻意美化公司，甚至用已合作客户的知名度来帮自己打广告（也不管那些合作客户是否介意），因为这些信息，客户只有在想要跟你合作的时候才会真正关注，刚开始接触时，你只需要让他知道你能为他做什么、他能从你这里得到什么，就够了。

综上所述，我认为，每个人刚开始做业务员时都是摸着石头过河，迫切地需要前辈给予指导，但别人凭借自己的经验总结出来的"规则"，未必就是对的，我们不能在未经证实的情况下全盘接受或否定。邮件签名处是否附带公司网站链接、开发新客户时是否可以群发邮件、邮件的长短等，这些都不是关键，真正重要的是要从客户的实际需求出发，为客户提供他们迫切需要的信息。

1.3 写好开发信的三个关键点

有外贸小伙伴说,自己写开发信时总是碰到被退信的情况,非常苦恼。事实上,这是多数外贸新人的常态,因为对客户不够了解,动笔之前没有进行过深入的调查分析,甚至在发出开发信的前一秒都还是忐忑的,不知道自己千辛万苦找到的邮箱到底有没有效……在这样一个一切未知的状态下写出来的开发信,遭遇退信并不奇怪。

在这样频繁的打击中,坚持一天两天可以,十天八天也有可能,但恐怕没有几个人能在总是没有收获的情况下坚持好几个月吧?不得不说,绞尽脑汁地通过各种渠道找到客户的邮箱,大海捞针一样不停地写着开发信,每天都机械化地重复做不知道何时才能取得成绩的工作,真的是一件特别折磨人的事情。很多外贸新人,都是带着激情进入行业的,随着时间的流逝,努力得不到丝毫回报,内心就会充满挫败感,逐渐开始怀疑自己、怀疑行业,进而怀疑人生。

但是,颓废终究解决不了任何问题,要想做出成绩,与其机械地重复基础工作,不如认真思考怎样才能写好开发信,怎样才能提高得到客户回复的概率。这是万里长征的第一步,也是最为关键的一步。

接下来,我将分三个点进行论述。

1.3.1 找对人

通常情况下,我们能在网上找到的客户邮箱地址十分有限,且大多数是以 info 和 sales 开头的邮箱地址,很多业务员觉得这样的邮箱地址没用,因为多数时候,发邮件给对方,对方是不予回复的,但是也有例外。

我之前就从同事手中"捡漏"得到一个客户,只因他当时不够重视 info 邮箱,没有及时把那个 info 邮箱建档,被我捷足先登,最后客户把订单下给了我。

事后,我跟同事说起过这件事,他懊悔不已。当时,他就是因为觉得 info 邮箱的联系成功率太低,所以才没有及时建档,结果错失了机会。

不仅如此,我还有几个合作多年的老客户,常用邮箱就是 info 邮箱,始终没有换过。所以,开发新业务时一定不要太过于主观,不要凭所谓的经验,做一些会让自己后悔的事。

多浏览几个客户的网站,你会发现,很多公司都会在网站中介绍自己公司的历史和创始人,了解这些信息后,通过谷歌或一些专业搜索邮箱的工具,就能轻而易举地查到公司高层领导的邮箱,在写开发信的时候,可以"越级"发邮件给高层领导,同时尽可能多地抄送给 info 和 sales 这类邮箱——这类对外邮箱的负责人收到显示同时发给本公司高层领导的邮件,自然会格外重视,这样,被回复的概率就会相对有所提高。

同理,倘若你能在客户网站上查到其他与该公司相关的人员的信息(未必一定是采购人员),也可以用同样的方式,直接以特定的人名为称呼联系客户,这总比用 Dear Manager 或 Dear Sir 开头更有针对性吧?

另外，像公司高层领导这样级别的收件人，不一定真的了解，或者分管公司的采购业务，因此，给对方写开发信的时候，不妨效仿本章1.1.4中的开发信案例二，在对客户公司有了一定了解的情况下，用委婉的口吻请求对方告知相关采购人员的联系方式，或恳请对方把邮件直接转发给采购人员，这样不就找对人了吗？

说到这里，有的人会说，还存在对方会不会、愿不愿意帮这个忙的问题。在我看来，一则看运气，二则看业务员自身的沟通能力。

沟通能力，说得直白一点，就是会不会跟客户聊天，不要一句话就把对话引入"死胡同"，而是要学会发散思维，先明确自己的目的，然后以这个目的为导向，一步步引导客户深入沟通。当然，沟通是循序渐进的，切记，欲速则不达。

1.3.2 找对切入点

切入点，又称突破口，即解决某个问题时应该最先着手的地方。放在写开发信这件事上，切入点就是指客户最在意的点。怎么把开发信写到客户心坎里，这是业务员必须要认真思考的问题。

还是举个例子吧！

当我在客户网站上看到"focus on outdoor events（专注于户外活动）"的时候，我的第一反应是，这个客户所需要的所有产品都应该是防水的。因此，我在着手推荐产品的时候，就应该把重点放在防水等级IP65/IP67/IP68的产品上，而不是推荐不防水的产品。

把这个作为开发信的切入点后，组织具体内容时就可以这样跟客户说："From your website, I got you focus on outdoor events, so all items in the attached quotation is based on waterproof IP68 for your reference, non-waterproof is also available if needed.（从你的网站上，我得知你专注于户外活动，所以报价附件中的所有产品款式都是基于IP68防水等级选择的，如果需要的话，不防水的产品也可以做。）"

别小看这种看似简单的"切入点"，还真不是每个人都能想到的，它很有可能帮助你的开发信从多个开发信中脱颖而出。我之前成交过一个客户，原因就是我在开发信中写了一句："I got news from your website that normally you use these lights for outdoor, correct?（我从你的网站中获知，你通常是将这些灯具用于户外的，对吗？）"这是与客户之间的互动，是能让客户产生回复冲动的引子，同时，也间接展示了我对工作认真专业的态度。

买卖双方信任感的建立，不就是从这些看似微不足道的互动开始的吗？就好像我们跟一个陌生人见面，刚开始免不了会有点儿尴尬，想打破这种局面，就得找一些话题来聊。在并不知道对方喜欢什么的情况下，我们只能根据对方的外在表现和神态特点进行一些试探，慢慢了解对方会感兴趣的点，再层层深入，直到将陌生变为熟悉。

面对客户也是一样的！业务员可以通过一些外在信息，先找到切入点，给客户一个建立沟通的理由，接下来，把自己代入客户的角色，想想如果自己是客户，最想了解的是什么。

学会站在对方的立场上思考问题，才能有效与客户拉近距离，之后再根据客户的反应采取相应的沟通策略，如此有来有往地良性互动，必然有利于促成订单的最终成交。

1.3.3 找对产品

所谓"找对产品",更详细的表达是"找对要推荐的产品"。我发现,在给客户写开发信推荐产品的时候,不少业务员采取的策略是随自己的喜好,想推哪个就推哪个,或者自家产品哪个热销就推哪个,完全不根据客户的真实需求来推荐,因此经常做无用功。

我认为,推荐产品不应该想当然,自己说好不叫好,客户说好才是真的好。

我刚开始写开发信的时候,也没有摸到窍门,就拿我曾经做过的灯具推荐来举个例子吧!

当时,我准备开发新客户,推荐我所属公司的灯具产品。发现某客户网站上有和我们的产品一模一样的产品A后,我首先把对方在网站上标出的价格和我们的价格进行了对比,然后把自家的同款产品发给客户,表示我们也能做,且价格更优惠,但是没有得到回复。

后来,我换了一种思路,即不直接推荐产品A,而是推荐同类型的产品A1,并在邮件中说明A1所具备的A没有的特点、为什么选择A1会比选择A更好,以及使用过这两款产品的客户给出的真实反馈分别是什么。

试想一下,如果你是客户,是不是更喜欢第二种推荐产品的方式呢?抓住买家心理,帮客户解决心里的疑问,远比单纯地推荐同款产品更具吸引力和说服力。更何况,同样一款产品,价格却相差很大,客户会怎么想?是觉得自己之前吃了亏,还是觉得低价产品的质量风险更大?与其冒着冒犯客户或贬低自己的风险去推荐同款产品,不如根据此款产品的特性，推荐更具有优势的同类其他产品。

比如，SK6812（一款全彩灯珠型号）这款灯珠，在市面上卖得很火，但是它存在一个很明显的弊端，即用这款灯珠制作灯条时，当灯条中的一个灯珠损坏，其他灯珠也全都不亮了。对于一些工程客户来说，使用这款灯珠制作灯条，一旦发生损坏，返修的成本极高。因此，如果这款产品在客户网站上有展示，业务员可以以SK6812型号灯珠的弊端为切入点，推荐另外一款灯珠，当灯条中的一个灯珠损坏，其他灯珠照常工作的灯珠，相信更能引起客户的兴趣。

那么，如果客户的网站是非产品展示型网站，业务员很难依此对客户的实际需求作出判断，该怎么办呢？这时候，可以参考同类客户的需求。

比如，我以前接触过一个做演出平台搭建业务的法国客户，因为我当时刚刚入行，并不真正了解他的需求，因此客户问什么产品的价格，我就机械地报什么产品的价格。

价格报完之后，他直接下了样品单，没想到，客户收到样品后，给出的反馈是不符合要求。因为做演出平台搭建业务需要的是0.114千克的PCB板（印制电路板），而我默认按常规的0.057千克的PCB板发了样品。样品不合格，也就没有了后续合作的可能，之后，哪怕我再三请求免费发送新的样品，他也没有再给我机会。

但是，当我再次遇到同类做演出平台搭建业务的客户时，我就知道了他们对PCB板的硬性要求，报价时就不会再以常规产品来报，既避免了二次犯错的可能，又让客户感受到了我的专业。

综上所述，业务员在向客户推荐产品时，切勿盲目，不要把自己的偏好当成客户的偏好，而是要从实际出发，做到给不同的客户推荐不同的产品。对客户而言，产品，合适最重要。

第 2 章
如何提高询盘回复率

收到询盘信息后,业务员第一时间应该考虑怎样作答才能调动客户的兴趣、得到客户的回复,只有客户回复率提高了,才有可能得到更多的订单。那么,如何提高客户回复率呢?很多人都知道,在回复询盘信息之前,要先分析客户。分析客户的渠道都有哪些?询盘分析该从何入手?面对不同类型的客户,回复思路分别是什么?这就是本章的重点讲解内容。

本章主要涉及的知识点

◎ 如何有效地调查客户背景
◎ 如何分析询盘信息
◎ 针对不同类型的客户,如何制定相应的回复思路
◎ 如何合理地制定报价方案
◎ 当客户不满意时,业务员应该怎么办

注意

本章涉及的案例并非适用于所有行业,仅供参考。

2.1 调查客户背景的常用渠道

无论是面对新客户还是老客户，对客户进行背景调查及分析都非常重要，因为背景调查能够让我们清晰地了解到客户公司的发展历程、经营模式、企业文化等，而通过对客户背景的分析，我们可以大致了解该客户的实际购买力，这些我们一般无法从客户口中直接获取的详细信息，都将在谈判的过程中发挥至关重要的作用。

知己知彼，方能百战百胜，业务员越了解自己的客户，就越能在谈判中占据优势，而且更加有底气直面客户，把话说到点子上，通过高效沟通，促成合作。

调查客户背景的渠道有很多，这里重点讲四种大家经常会在工作中用到的。

2.1.1 公司网站

收到询盘信息后，根据已知的客户信息，对客户进行背景调查及分析，几乎是每个业务员都会去做的工作，而通过公司网站调查分析客户，是快速、全面地了解客户最行之有效的方式。在实际工作中，获取客户的公司网站链接的方法多种多样，我通常采取的方法，一是通过客户的个人签名，二是通过邮箱后缀，三是借助社交平台。操作起来很简单，这里不再一一赘述。

得到客户的公司网站链接后，具体该怎么进行调查及分析呢？我通过一个实例进行讲解。

我有一个朋友,是做电源适配器业务的,因此,闲暇时,我也会通过谷歌找找对应领域的客户,写写开发信,这里以我找到的一个目标客户Pro-Lite, Inc.为例,客户的公司网站如图2.1所示。

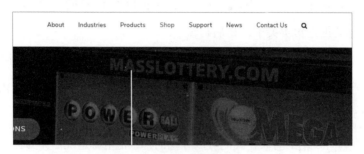

图2.1 客户的公司网站主页面

首先,点开客户公司网站的About页面,可以清楚地了解到客户公司的发展历程和受众群体,如图2.2所示。

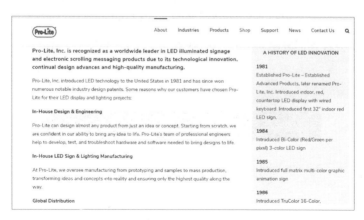

图2.2 About页面

正是在这个页面中,我知道了该公司创始人/CEO的名字:Mr.Andy Kaoh,如图2.3所示。

图2.3 公司创始人/CEO的名字

有人可能会表示不解,知道公司创始人/CEO的名字有什么用呢?这里我先卖卖关子,稍后再说。

其次,点开客户公司网站的Products页面,可以看到该公司主要经营的产品,如About页面中描述的那样,都是LED相关的产品。由此,我们可以得到信息:电源适配器也是该客户需要的配套产品之一。因此,在写开发信的时候,我们可以寻找话题,把电源适配器作为营销点。

再次,点开客户公司网站的Contact Us页面,可以看到两个公共邮箱,如图2.4所示。很多业务员觉得这种在公司官网中找到的对外邮箱没有用,发出去的邮件很少能收到回复,但是我们在写开发信的时候,结合上文中找到的该公司创始人/CEO的名字Mr.Andy Kaoh,就很可能会收到回复哦!其原因,我在第1章1.3.1中进行过介绍。

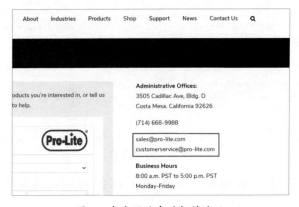

图2.4 客户网站中的邮箱地址

在着手写开发信时,邮件主题可以写成"The letter to Mr.Andy Kaoh",并在正文中以"Hi, Mr.Andy Kaoh"开头,我相信,只要对方打开了你的邮件,就一定会阅读下去,而不会直接删除——毕竟是写给高层领导的邮件,不仔细看看,万一耽误了要事、急事怎么办?

新手业务员切记,在写开发信的初期,客户能阅读你的邮件就已经很不错了!不要妄想仅通过一封开发信就与客户达成合作,成单有一个循序渐进的过程,急不得!

另外,公司创始人/CEO的名字Mr.Andy Kaoh还有一个用途,那就是把这个名字代入××@pro-lite.com邮箱地址中,即用Andy Kaoh@pro-lite.com在谷歌上进行搜索,查询结果如图2.5所示。能找到三个不同的邮箱,但结合前后文进行分析后,可以发现,在这三个邮箱中,能完美匹配客户公司的Andy Kaoh的只有ak@pro-lite.com这一个。

图2.5 谷歌搜索出来的邮箱

随后，把ak@pro-lite.com复制到提供邮箱验证服务的专业网站验证一下邮箱的有效性，结果显示valid，即有效邮箱！如图2.6所示。

图2.6 验证邮箱页面

这时，大家应该都知道该怎么做了吧？客户公司高层领导的邮箱都找到了，当然要给对方写一封开发信（可参考第1章1.1.4中开发信案例二）。

如果获得了以上信息，觉得还不够的话，不妨再结合海关数据了解一下这个客户之前的进口记录，看能不能查到更加详细的关于电源适配器的进口信息（关于对海关数据的使用，本章2.1.4中有详细讲解）。如此一来，下笔写开发信的时候，就更加有底气了！

最后，如果想了解更多有关该客户的信息，可以点开客户公司网站中的News等其他页面，进一步了解客户的最新动态，或许能从中找到更多可利用的突破口。

总之，要想提高沟通成功率，业务员要仔细浏览客户的公司网站，不要放过任何一个细节，找准突破口后，先跟客户建立联系，引起客户的兴趣，再通过沟通和谈判，慢慢获取客户的信任，这是一个循序渐进的过程，不能操之过急！

2.1.2 谷歌搜索

使用谷歌搜索时，我给大家的建议是尝试通过多种关键词组合进行搜索，寻找更多与目标客户相关的有价值的信息，搜索得越全面，对客户了解得越多，之后的开发沟通越高效。

我使用谷歌搜索获取客户信息的情况，大致可归纳为以下四种。

其一，在已知客户公司名称的情况下，把公司名称直接输入谷歌搜索框中进行搜索，只要客户有网站，一般都能很轻易地被查询到；

其二，在已知客户公司网站链接的情况下，通过"Email+客户公司域名后缀"进行搜索，往往能查到更多该公司员工的邮箱；

其三，在已知客户公司高层领导名字的情况下，通过"高层领导名字+公司名称"进行搜索，通常能查到该高层领导的社交平台账号，比如LinkedIn（领英）、Facebook（脸书网）账号等，进行进一步了解；

其四，使用谷歌进行搜索，不局限于通过明确关键词进行搜索，在使用相关范围词进行组合搜索的情况下，有时也可以顺利找到自己的目标客户，比如使用产品名称+Importer、产品名称+Buyer、产品名称+国家+Importer、产品名称+国家+Buyer等。另外，我们还可以通过设置谷歌关键词，屏蔽特定国家的采购商和一些Business-to-Business（企业与企业之间进行数据信息的交换、传递、开展交易活动的商业模式）广告。

我曾经通过最简单的"产品名称+Importer"组合，找到了一个英国的目标客户，然后用了一天时间，查到了该公司采购负责人的联系方式，在经过一番深入调查分析之后，写了一封开发信。开发信发出后的第二天，我就收到了客户的回复，之后，通过发产品目录、推荐新产品等一系列沟通跟进，客户在我们原产品的基础上，定制了一款产品。经过三次打样，八个月后，客户成功下单，首单金额将近一万美元。

所以，不要把谷歌搜索想得太复杂，或者没有具体信息就不敢进行搜索，知道的再多，不去操作和实施也是没用的。我们的主要目的是成功开发客户，不管是通过精确搜索，还是通过模糊搜索，只要能找到潜在客户，并经过沟通顺利成单，就足够了，不是吗？

2.1.3 谷歌地图

大家都知道，谷歌地图在生活中的应用很多，其实，它也可以很便捷地被应用在外贸工作中。在实际工作中，我经常会用它来查询客户公司的规模并开发有价值的客户。

举个例子，在谷歌搜索中搜索客户公司的名称 DEE Electronics，页面右边会以谷歌地图的形式显示客户的信息，如图 2.7 所示，包括客户公司的地址、外部环境、联系电话等，点开图片，还能看到该公司的实际规模，业务员可以根据自己的需要，对客户进行进一步了解和分析。

图 2.7 谷歌搜索出的客户信息

如果搜索出来的公司信息中没有清晰的外部环境图片，只有地图，则可以点击地图上的红色定位标识，进入卫星图层，查看该公司的实际规模，以及周边的产业分布等详细信息，如图2.8所示。

另外，业务员还可以通过谷歌地图直接开发客户。在谷歌地图页面进行定位搜索，比如搜索关键词"lighting store"，会出现很多灯具店，如图2.9所示。逐一点开搜索结果，可以轻松地找到目标商店的联系方式等信息，了解客户的规模和产品经营范围。经过对比分析，看看客户的产品需求与自家的产品供应是否相符，然后有针对性地给潜在客户写开发信就可以了。

图2.8 卫星图层中的客户信息　　图2.9 "lighting store"搜索页面

总之，用好谷歌地图，可以发现和开发更多优质的潜在客户，并通过对客户公司的规模和所处地点外部环境的了解，判断客户的真实实力，挖掘更多的合作机会。

2.1.4 海关数据

在外贸工作中,海关数据的应用范围很广,不仅可以用于进行客户背景调查,还可以用于调查和分析同行业其他公司,以便了解市场环境,有的放矢地调整发展重点。目前,优质、全面的海关数据大部分是付费使用的,如果只是用来调查客户背景,不太建议投入过多的成本,免费的海关数据平台上也有很多值得参考的信息。

以本章2.1.1中的公司Pro-Lite, Inc.为例,点开一个免费海关数据平台,查询到的交易次数数据如图2.10所示。

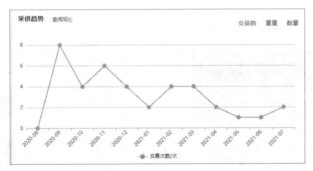

图2.10 海关数据之交易次数

除了交易次数,还可以通过其他子页面查询该公司主要贸易区域、贸易伙伴等资料,通过这些数据,我们可以了解到以下信息。

第一,该客户的采购频率较高,几乎每个月都有订单产生;

第二,该客户的主要贸易地区集中在中国大陆、中国香港和中国台湾,说明他的主要供应商分布在中国,因此,我们能与之建立合作的可能性较大;

第三,通过逐一分析该客户的主要贸易伙伴,与自己任职的公司进行对比，可以找到自己的优势所在。

我就曾经通过免费的海关数据，成交过一个客户。

当时，我使用产品名称搜索到了对方公司，从对方公司的过往购买记录来看，LED模组是其主要的进口产品，但是进口量不是很大。后来，我通过进一步搜索，顺藤摸瓜地找到了对方公司的网站，发现他们是做广告招牌业务的。在该公司网站上找到客户邮箱之后，我写了一封开发信，附上几款热销的模组价目表，发了一封邮件。几天后，客户给予了回复，就一款他感兴趣的产品要求报价，报价后没多久，就成交了一单业务！

综上所述，开发客户的方法不止一种，能否成交，关键是业务员有没有去尝试与争取。

2.2 分析询盘信息从哪里入手

如今的外贸企业，大多数都开通了阿里巴巴国际站账号，如果能好好利用这个平台，可以显著提高开发客户的效率，这也正是为什么有那么多外贸企业愿意入驻这个平台的原因。

不过，目前，很多业务员并没有很好地利用阿里巴巴国际站这一平台，在后台收到客户的询盘信息后，要么不经分析，直接通过后台把报价发给客户，要么只是简单地把客户的邮箱地址输入谷歌搜索一下，靠运气找更多有用的信息，找不到就按部就班地回复客户。

之所以如此了解，因为这也是我刚开始做业务员时最常用的"分析客户"的方法，没有什么技术含量，运气好，能得到一些有价值的信息；运气不好，真的什么都找不到。事实上，仅通过客户的询盘内容，我们就可以分析出一些有价值的东西！

2.2.1 询盘内容

第一次收到某客户的询盘信息，看了询盘内容之后，业务员需要在心里有一个大致的判断，比如"这个询盘信息的质量怎么样？""这个客户是不是有实单的？""成交的可能性有多大？"……那么，单从询盘信息的内容来看，具体应该怎么分析呢？

情况一：当客户在询盘信息中给出了要报价的具体数量、具体要求时，十有八九是有实单的。

对待这种询盘信息，业务员要特别重视，需要通过客户留下的信息，进一步分析客户，判断客户潜力，然后制定相应的跟进策略。

情况二：当客户以模板式的问法"I'm interested in your product ×××, I would like more details（我对你的产品×××感兴趣，我想知道更多细节）"开头时，虽然询盘质量不如情况一中的询盘质量，但并不代表客户一定没有实单，这时，业务员需要一步步引导客户，通过沟通得出最终的判断结论。

对待这种询盘信息，业务员首先要判断这个客户到底是以个人的名义还是以公司的名义进行询价的。如果是以公司的名义，那询盘质量就升一级，若能找到对方公司的网站或其他社交平台账号，则可以作出更进一步的分析。

分析的目的，一是对现有询盘信息作出大致的判断，制定回复策略和后续的跟进策略；二是预测客户的潜力值，为促成合作做好规划。

情况三：当客户没有在询盘信息中提出具体需求，也没有针对某款产品询问更多细节，而是详细地介绍了自己的公司，或者介绍了自己经常采购的产品种类时，那么，他极有可能在寻找备用供应商。

对待这种询盘信息，业务员要有足够的耐心，做好打持久战的准备。这类客户通常会采用群发的形式联系很多供应商，从中选出自己初步满意的，再通过样品、试单，来判断被选中的供应商是否符合自己的要求，优中选优。

面对这类客户，竞争很激烈，且需要一个漫长的接触过程，可能在前期对业务员的业绩不会有太大的帮助，但一经认可，随之而来的订单量是很可观的。

情况四：当客户在询盘信息中要求报价的数量极其惊人时，对方很可能并没有实质性的订单，即他所报的数量是虚构的，或者是有水分的。

对待这种询盘信息，业务员首先要冷静，不能因为对方所报的数量很大，就立刻给出一个最低价。

就算这类客户有实质性的订单，价格也会是他考虑是否下单的主要因素，倘若业务员一开始就断了自己在降价上的后路，丧失了谈判的主动权，那么极有可能会在后续的谈判中被客户牵着鼻子走。

当然，以上只是列举了几种常见的情况。客户发起询盘时，肯定带有一定的目的,或者是有实单,或者只是纯粹地问问价格。业务员收到询盘信息后,不要只是为了促成这一个订单而迅速回复客户,最好了解一下客户询盘背后的动机,尝试通过此次询盘挖掘更多有价值的信息,判断客户成为"回头客"的可能。如何让客户在一次询盘沟通中记住你,并在下一次有需求时主动来找你,才是关键。

2.2.2 邮箱后缀

我负责指导的一个外贸新人曾经问我:"为什么你总是能很快地判断出客户的潜力呢?哪怕客户一开始的询盘内容并不亮眼。"事实上,我判断客户的潜力时,关注的不是询盘内容和询盘数量,而是他是否具有长远价值。那么,怎么判断客户是否具有长远价值呢?这里给大家介绍一个最简单的方法,那就是看客户的邮箱后缀。虽然只是一个简简单单的邮箱后缀,却能帮助我们获取不少信息。

首先,若邮箱以公司域名为后缀,业务员就可以轻松地找到客户的公司网站,很多客户会在公司网站上附上本公司其他社交平台的主页链接,一个个点击进去,就能对该公司的背景进行全面的了解,这将在后续的谈判和跟进中起到至关重要的作用。

其次,邮箱后缀可以告诉我们,这个客户到底是在以个人名义谈合作,还是在以公司名义谈合作。当然,也不排除某公司的员工使用个人邮箱进行工作沟通的情况。总之,通过沟通和了解,若对方背靠的是一家公司,该公司实力的强弱和对卖家所售产品的需求量就决定了以后可能会有的合作的广度和深度。若对方是私人买家,买卖就很有可能是一次性的,我曾经有几个建立了合作的私人买家,有的合作一次之后，再无后续；有的突然有一天就失联了，发邮件过去，居然被退信；还有的在下了几张订单之后再无合作，后来告诉我，他转行了……在与公司进行合作的过程中，除非产品匹配度不够，否则基本不可能只合作一次。

做生意，想要长久获利，就得长期合作，相比较而言，公司比个人更可靠，且更具价值。

所以，前文提到的客户用私人邮箱发工作邮件的可能性较小，根据我过往的经验，这种私人邮箱客户要么是自己做工程的，要么是公司老板。而且，就算是这两类人，用私人邮箱沟通工作事项的次数也极少，毕竟是在谈与公司相关的业务，当然以公司的名义更专业。再说，应该也没有几个合作者愿意告诉业务员自己的私人邮箱，除非他与这个业务员的关系特别好，或者他不怕在工作之外的时间被工作所扰。

2.2.3 客户信息

有时候，客户可能会在询盘沟通中不经意地透露一些个人和公司信息，比如他可能会说："My name is ××, I'm a Technical Manager from ×× company in Australia.（我的名字是××，我是一个来自澳大利亚×× 公司的技术经理。）"通过这句话，业务员可以了解到客户的姓名、职位和其所属公司的名称，那么，接下来就可以通过这句看似简单的自我介绍，结合强大的谷歌搜索，挖掘和分析更多有价值的内容。

首先，客户说自己是Technical Manager（技术经理），这意味着他在技术上是很专业的，沟通产品的技术细节时，不会出现一知半解的情况，因此，业务员在与他打交道的过程中，不要试图耍小聪明，尤其是在谈到产品的技术原理时，要表现得专业、负责，不能让客户觉得你是一个什么都不懂的"门外汉"。

其次，既然客户的职位是技术经理，那在选择合作伙伴的问题上，他就拥有一定的决策权，他与谁沟通得最顺畅，谁给他的感觉最好，谁的服务最令他满意，谁就会最终胜出，成为他的合作对象。

再次，可以深入了解一下这个客户有没有其他社交账号。我曾经合作过一个英国客户，在询盘沟通过程中，他告诉我，他是一个工程师，后来，我通过他的邮箱地址，查到了他的个人网站，上面有很多他自己做的工程视频，以这些工程视频中的内容为切入点，我成功地给他推荐了适合他的产品。

最后，可以根据客户所在的国家，筛选在同地区较受欢迎的产品进行推荐，使用客户给出的公司名称，了解该公司的规模和主营业务范围等。

总之，看到客户的询盘信息之后，业务员不要急着回复，先根据客户给出的有限信息，挖掘更多有价值的内容，做好准备再进入沟通，切忌顾此失彼、错失良机。

2.2.4 客户签名

很多客户习惯在询盘信息中附上个人签名，内容包括名字、职位、公司、邮箱等，有的还会加上所属公司的网站链接，这些信息帮业务员节省了不少时间，因为只需要将它们复制下来，去谷歌上搜索一下，就可以获得大量信息。

但是，往往越是简单的事情，越没有人愿意去做。获取信息的重要性，前文中已多次提到，这里，我只强调一点，那就是做业务员千万不能犯懒，不然会错失很多原本有希望达成合作的机会。

另外，我想提醒大家一点，对于客户留下的信息，业务员一定要逐一确认和分析，一是看看能不能找到一些对后续谈判有帮助的信息，二是查查这个客户是不是真实存在。很多业务员都有收到垃圾询盘信息的经历，事实上，有部分垃圾询盘信息，在个人签名上是下过功夫的，编造了很多优质资料，让你看到后眼前一亮，遇到这种情况，如果不进行调查，业务员很容易被糊弄过去，浪费沟通的时间和精力。

2.3 量身定制回复思路

做外贸工作的时间长了，你会发现，什么类型的客户都有可能遇到。用生活中的情境举例，我们去商场买衣服时，每个人对衣服的要求都不同，有的人更看重款式、有的人更看重品牌、有的人更看重材质，还有的人只看重价格，作为一名出色的销售员，首先要敏锐地判断出这个客户属于哪种类型的客户，然后根据客户的喜好，制定相应的销售策略，最后才能对症下药、精准推荐。

同理，对于外贸业务员来说，首先要知道客户想要什么，然后给他量身定制一套回复思路，最后才能完成提高客户与我们进行深入沟通的概率的目标。

面对不同类型的客户，如果回复千篇一律，势必会让客户觉得业务员不用心，这对于订单的成交是很不利的。

更何况，客户的可选项很多，我们要面对同行之间的激烈竞争，只有比别人考虑得更全面，服务得更周到，才能成为客户心中的首选，从而获得合作的机会。

2.3.1 对非专业客户的回复思路

客户是否专业，其实在收到询盘信息时就能初见端倪，业务员要根据询盘信息的内容，先对客户的情况做一个初步判断，做到沟通时心中有数。

与非专业客户沟通，相对来说会耗费业务员更多的精力和时间，因为业务员不仅需要帮助客户了解产品，还要让客户知道与产品相关的所有合作细节，甚至操作细节上的东西。

还是用灯具举例！我们推荐灯具时，按理说只要让客户知道所推荐的灯具怎么安装、接线就可以了，但是偏偏有一些客户，不但不会安装、接线，还不知道如何将灯具与控制器连用，以及如何操作控制器，这时，我们就需要根据客户的实际安装情况，给他提供一整套安装方案，并帮其将所有产品配备齐全，哪怕有些产品并不在我们的供应范围内。

还有一些时候，客户问出一个很业余的问题，真的会惹得业务员哭笑不得，甚至想直接气愤地大呼："Such a stupid you are!（太笨了！）"但是，业务员是为客户服务的，不管心里有多少不满，都要耐心地与客户沟通。一直以来，耐心都是评估一个业务员是否合格的基本条件，如果做不到对客户耐心，就不能算是一个合格的业务员。

实际工作中，我遇到过太多不够耐心、冷静的业务员，在客户问出一些看似极其业余的问题时，他们往往会控制不住自己的情绪，脱口而出一句"太笨了"。殊不知，当我们给客户贴上"笨"的标签后，就会从心底对他各种瞧不上，甚至会本能地认为，他不会成为大客户，未来也不可能给自己的业绩带来大的帮助，觉得跟这样的客户聊下去就是在浪费自己的时间，因此在跟进的时候会有所懈怠。

其实，在开始做业务员的时候，我们都曾是"什么都不懂"的新人。随着接触的客户越来越多，解决的问题越来越复杂，我们才终于成为他人眼中"专业"的合作者。

换句话说，就算真如你判断的那样，客户实力有限，成不了大客户，但是这样的小客户多了，依然可以提升你的业绩。尽管沟通起来很辛苦，但是小客户也有小客户的优点。

相对于大客户来说，小客户在选择供应商方面没有那么多得天独厚的条件，很多供应商会瞧不起小客户，甚至不愿意跟进小客户的需求，倘若你能一如既往地用对待大客户的态度去对待他，未来可能会收到意想不到的惊喜，比如对方会给你介绍更多有潜力的大客户。别说不可能，因为这种事，我真的碰到过，而且不止一次。

更何况，我们对客户的判断，只是初次看到询盘信息时的主观臆断，未必准确。

给大家讲一个我曾经判断失误的例子！我遇到过一个加拿大客户，在最初的询盘信息中，他发来了这样一句话："I'm interested in all your products.（我对你们所有的产品都感兴趣。）"而我仅凭这句话就断定他不专业，甚至还私下抱怨："对所有产品都感兴趣，这个客户太不靠谱了，十有八九不会合作。"然而，经过简单的沟通后，他接连下了两张订单，共计七万美元。之后，他每年都会下单，最小的订单也在一万美元左右，绝对称得上是我所有合作客户里的佼佼者了。

客户是否优质、专业，是在后续的沟通中慢慢显现出来的。对于初次沟通感觉"不专业"的客户，可以按照以下思路回复邮件。

首先，写第一封回复邮件时，可以留一个"心眼"，不要事无巨细地进行产品介绍，方便进行后续沟通时有合理的跟进理由。但毕竟是第一封邮件，不能让客户觉得过于敷衍，因此，要适当地给客户提供一些有价值的信息，然后在文末写上一句："If necessary, I will send you a detailed specification in another separated e-mail.（如果必要的话，我将再给你发一份详细的产品规格书。）"。

重点在于第二封邮件，对于看似不太专业的客户，产品规格书要尽可能做得更加专业和详细，包括产品参数、特性、使用方法等。

大家都买过电子产品，里面附带的说明书可谓是面面俱到，供应商提供的产品规格书虽然不能与之相比，但也得让新手客户看得懂才行，要尽量让客户能够通过你所提供的产品规格书，实现对产品的完美操作。

你做得越多，产品规格书写得越详细，客户用业余问题麻烦你的次数就越少，购买体验也就越好。

不过，不要对这类客户抱太大的希望，更不要幻想他会给一张足以助你走上人生巅峰的大订单，这不现实。

多数客户都是从小订单开始，慢慢扩大合作规模的，客户需要时间来消化产品知识，业务员则需要时间去积累自己的客户资源和开拓市场，这是一个必须经历的过程。

我曾经遇到过一个业务员，他的客户都不大，且多数是并不太专业的小客户。然而他并没有嫌弃他们，而是凭借自己超强的耐心和毅力，用了五年时间，把相当一部分客户从非专业客户变成了专业客户。

虽然这期间，他在公司里的业绩不算出众，但是日积月累，水滴石穿，他靠着这批"忠实客户"得以完美逆袭，成功走上创业之路。

所以，客户不专业不可怕，可怕的是业务员缺乏耐心。客户多问一个问题，就表现出极其不耐烦的情绪；客户的订单小一点，就敷衍了事地应付对方……这样的人，如何做得好外贸工作？一时的业绩不好不可怕，可怕的是不仅业绩不好，还对客户横眉冷对，没有积累资源的远见，不得不说，这样的业务员，难成大器。

2.3.2 对专业客户的回复思路

说完非专业客户，接下来就聊聊专业客户。

2.3.1中讲到，对待非专业客户，业务员一定要有耐心。而对待专业客户，业务员除了要有耐心之外，还需要比客户更加专业，且足够自信。了解自己所推荐的产品，是自信的前提。

业务员一定要清楚地知道，和同行业的其他产品相比，自己所推荐的这款产品的优势是什么、特点是什么、在同类产品中属于什么等级。业务员对自家产品了解得越多,心里越有底气,那么在与客户沟通的过程中,也就表现得更加自信。

我曾经做过采购工作,那时,经常会遇到业务员向我推荐产品。

说实话,我对那种充满自信、侃侃而谈的业务员有着特殊的好感,甚至不知不觉地就相信了他们的话,觉得他们所推荐的产品真的就像他们说的那样好,因为他们会口若悬河地告诉我这个产品的优点是什么,为什么值得推荐,买了之后生活会发生怎样的改变……

很多人可能会说,推荐产品不就是鼓动、劝说吗?事实上,能进行有效的鼓动、劝说也是一种本事,因为并不是每个人都拥有这种能力,也不是每个业务员在完成鼓动、劝说之后,都能成功地将产品推荐给客户的。

与其说是鼓动、劝说,我倒更喜欢把它称为"营销话术",因为这样更贴切。对于业务员来说,不管使用多么高明的话术,都必须以了解产品为前提,只有对自己的产品足够熟悉,再结合一流的沟通技巧,才能说到客户心坎里去,让他心甘情愿地购买你的产品。

而那些说话支支吾吾,听到问题后半天给不出任何解答的业务员,往往是专业客户最忌讳的,他们会因此对业务员产生怀疑,自己都不了解自己想推荐的产品,一问三不知,怎么能让客户相信这个产品值得购买呢?因此,不管是对自己没信心,还是对产品没信心,都是推动与专业客户合作的大忌。

举个例子,当收到客户这样的询盘信息:"Hi, please could you confirm if these LEDs are APA102C(正品)or SK9822(仿品)?(你好,

请你确认一下,这些灯珠是APA102C型号的还是SK9822型号的？）"你会作何反应？

LED全彩灯具行业内的小伙伴应该都知道,SK9822和APA102C两种内置芯片所用的协议一样,目前,市场上绝大部分客户用SK9822来代替APA102C,但仍然有很多客户把APA102C当作正品,而将SK9822看作仿品。

通过询盘信息中这句简短的询问,便可看出客户是专业的。或许是因为他曾经买到过"以次充好"的SK9822产品,所以这次要先跟我确认清楚。

我先在阿里巴巴国际站的后台试探性地回复了一条消息,然后再发送邮件跟进此事。客户收到消息后回复,说他们需要样品和产品的分别报价,并明确指出,一定要正品,不要仿品。两三封邮件往来后,客户决定购买样品。

对于客户比较在意的事情,我都会高度重视,确保做好下单后、生产中、发货后的一系列跟进工作。

然而,客户收到货后,还是给出了"不是正品"的反馈！因为发货前我再三确认过产品型号,所以,对于客户的质疑,我很困惑。

在给客户的回复中,我说道:"I think perhaps there are some misunderstanding between us. I need time to confirm and will get back to you soon.（我想或许我们之间有什么误解,我需要时间去确认,然后将很快回复你。）"同时,我向客户保证,我们会严肃地对待这件事情,如果发给他的真的是仿品,我们一定会免费重新发样品,所有的成本由我们承担。

接下来，我找到工程师，再次确认了两种内置芯片的区别，并以图片形式展示给客户看，建议他进行二次测试。

客户进行二次测试后，发现我们的产品确实没问题，是他自己搞错了。随后，客户接连下了几次订单，质疑产品问题的事情再也没有发生过。

遇到客户反馈产品有问题的情况时，如果不经核实就断定真的是公司的产品有问题，急于懊恼、道歉，并不能说明业务员对客户负责任，只能说明业务员对自家产品缺乏信心，也间接暴露了业务员对产品不熟悉的问题。因为不自信、不熟悉产品，业务员才会在面对客户突如其来的投诉时，心里没底，把所有问题揽在自家公司身上。

面对专业的客户，业务员也要专业、果断、有底气，如果因专业所限，自己缺乏对产品深层次的认知，可以求助于公司里的专业技术人员，以便给客户提供更加专业的解决方案。

作为与客户直接对接的业务员，切忌在自己对产品一知半解的情况下急于答复客户的质疑，这样只会让客户对产品质量产生怀疑，从而失去对方的信任，进而失去合作的机会。

2.3.3 对定制产品的回复思路

说起定制产品，要注意的问题就更多了。在我目前所处的灯具外贸领域内，定制产品的订单居多，而且，大项目的订单往往都是定制类订单。

从利润空间上看，定制产品的利润空间要比常规产品大很多，因为客户对质量的要求更高，对价格的敏感度相对较低，如果产品质量过关,成交的可能性非常大。但是话说回来,因为产品本身的特殊性,与定制产品的客户合作,成单周期相对更长,短则数月,长则数年。

纵观过往的成单经验,我得出一个结论——想要与这种"不差钱"的大客户达成合作,除了业务员要具备专业、耐心等从业必备素养之外,公司的大力支持也很重要。

如果公司内相关部门的同事的配合度不够,客户遇到问题时得不到及时有效的解决,作为"沟通桥梁"的业务员往往有心有余但力不足的困扰。

我曾经不止一次听到业务员同事抱怨,说自己的公司什么都好,就是报价太慢。一个定制产品的价格,往往要经过工程部门和上级领导的双重核算,最后报给客户的时候,都已经过去好几天了,客户等得不耐烦,业务员也无可奈何。

客户不了解供应商公司内部的流程和制度,他们只会从自己的角度进行评估,一个连报价都要耽误好几天的公司,他们如何放心地与之合作呢?

对于此类客户,在沟通中,可参考以下建议。

首先,定制产品的客户无疑是专业的,参考2.3.2中所讲述的内容,业务员也必须足够专业。

其次,业务员千万不要让客户觉得跟你沟通很费劲,或者有自己的需求落不到实处的疑虑。我发现,在客户说了一句业务员难以理解的话的时候,不敢问、不知道怎么问,是很多业务员的通病——他们宁愿自己瞎琢磨,都不去找客户印证自己理解的正确性。事实上,理解不了客户的需求，接下来的工作就无法顺利推进，与其胡乱猜测，不如把自己的理解夹杂在回复中，巧妙地询问客户。一句简单的"I think what you mean is...Right?（我想你的意思是……，对吗？）"就可以解决的问题，为什么要为难自己，同时为合作留下不确定因素呢？买卖双方的立场不同，表达习惯也不同，不太明白对方的意思，并不是什么丢人的事情，客户一般不会因为业务员尽职尽责地询问而中止合作，从另一个方面看，这反而是业务员负责任的表现。问题的关键是，业务员要学会引导客户明确地表达他的需求，买卖双方形成良性互动，保证合作的顺畅。

再次，不管客户遇到什么问题，业务员都要第一时间出面解决，做到积极高效地配合客户。面对公司内部的流程耗时，业务员可以一边在公司内跟进各时间节点，一边及时告知客户处理进度、安抚其焦急情绪，让客户知道你在为促进合作"全力以赴"。

最后，业务员要细心、细心，再细心。没有人喜欢粗心大意的合作者，客户当然也是一样。一个办事不靠谱、时常需要别人帮他处理纰漏的业务员，是不会有客户愿意跟他长久打交道的。

前不久，我有一个合作多年的英国客户需要定制一款全彩软灯带，他的常用款是1米60个灯珠的全彩软灯带，这次需要的则是1米48个灯珠的全彩软灯带，除此之外，其他硬性要求都没变。原本，对于这种长期合作、彼此了解的客户，我们只需要把灯带上的灯珠数量改一下，直接开板做货即可，但是，我在下单时，还是让工程师多做了一步，即先画一个草图，发给客户确认，虽然客户并没有要求我这么做。

我深知，常规产品下错了单，尚可找机会转卖给别的客户，但是定制的产品，一旦做错了，就只能砸在自己手里，造成损失。

多做一步，就能避免很多不必要的麻烦，规避一些潜在的风险，何乐而不为呢？

规避风险，划分责任，生意场上容不得半点马虎，合作定制产品尤其如此。不放过任何一个细节，确认清楚再进入制作流程，不仅是对自己负责，更是对客户负责。此外，不管是在态度上，还是在服务上，面对定制型产品的客户，都要不急不躁，谨记欲速则不达。

2.3.4　对模板式询盘信息的回复思路

说起模板式询盘信息，相信大部分外贸从业者都遇到过。很多业务员不喜欢这类询盘信息，认为开发潜力不大，因为大部分都是群发的，没有什么沟通价值，事实上，并非如此。

我曾经在阿里巴巴国际站的后台收到这样一个询盘信息，可以说是完全套用询盘模板："Hi, I'm interested in your product. I would like some more details. I look forward to your reply.（你好，我对你们的产品感兴趣。我想知道更多细节。我期待你的回复。）"

在大多数业务员眼中，这绝对不是一个高质量的询盘信息，我也做出了同样的判断，但是，我并没有忽视它。通过阿里巴巴国际站的后台，我只能看到客户的Gmail邮箱(谷歌邮箱)，但通过客户行为记录，我猜测他可能是对点光源产品感兴趣。除此之外，再无其他。既然找不到更多有价值的信息，那我就先按部就班地回复试试，探探客户的真实需求。

首先，我需要尝试确定客户需要的具体产品和所需数量，因此，我的第一次回复如下。

Hello,

Thanks for your inquiry. Maybe I missed something, because I cannot see which product you need. Is it possible to let me know more about your order requirements?

Kindest regards,

Elisa

翻译注释：

你好

感谢你的询价。也许我错过了什么，因为我不知道你需要哪款产品。是否能告诉我更多的订单要求呢？

致以最诚挚的问候，

伊莉莎

我发出这个回复后，同时在心里根据可能出现的两种情况做好了两种准备。如果客户不再回复，我就根据之前的猜测，把几款热卖的点光源产品以最低起订量的价格报给他；如果他进一步回复了，并提供了对产品的具体要求，那就能基本确定是有实单的，可以重点关注。

很幸运，客户进一步给出了回复。

Hello,

I am interested to buy 320 pieces.

（产品链接）

What price?

Parcel weight?

Delivery to Guangzhou.

Thanks!

××

翻译注释：

你好

我想买320件。

（产品链接）

什么价格？

重量是多少？

发货到广州。

谢谢！

××

知道了具体的产品型号、所需数量，且明确了要发货到广州，接下来就可以直接报价了。我根据产品的属性，分别报了防水款和不防水款的价格，并给出了相应的运费价格。同时，为了防止客户错过阿里巴巴国际站后台的回复信息，我又以邮件的形式回复了一次。

报完价格之后，客户开始砍价，他说："To be honest, another company offered us free shipping.（说实话，另外一家公司的报价中免运费。）"这个时候，我当然不能立刻降价，或者同样免运费，如果那样做，在后续的沟通中就太被动了。

我是这样对客户说的："Sorry, free shipping is not available here, but for our first transaction, I can reduce 10USD from your first order. This amount is about the same as the freight to Guangzhou, which is equivalent to giving you free shipping.（抱歉，我们做不到免运费，但是鉴于这是我们第一次交易，我可以从你的第一张订单中减掉10美元。这个金额和发到广州的运费差不多，就相当于是给你免运费了。）"

客户欣然同意，让我起草了信保订单（供应商与客户通过阿里巴巴国际站平台在线成交的订单），随后直接付了款。

很多时候，客户要求降价，只是一种试探。不管价格降还是不降，他心里其实早已经有了决定。

遇到客户拿其他供应商报的价格来找你砍价时，业务员一定要明白，他并不是要求你一定给出相同的价格才考虑下单，只是想用更低的价格买到自己心仪的产品而已。

换一个角度想想，如果他真的对A供应商的产品很满意，大概率是不会再去联系B供应商和C供应商的。

如果用A供应商的低价去找B供应商砍价，那么大概率对B供应商产品的满意程度高于A供应商，否则直接找A供应商买就是了，费更多的精力干什么？

所以，业务员不要一遇到客户砍价就直接降价，要先搞清楚客户的真实意图,然后有策略地给予回应,既让客户满意,也不至于让自己陷入"降也不是,不降也不是"的被动局面。

以上案例,仅介绍了针对模板式询盘信息的一种回复思路。我想告诉大家的是,收到模板式询盘信息后,能不能促成合作的关键在于你是否愿意花费更多的精力去了解客户的真实意图。这考验的不仅是业务员的沟通技巧,还要求业务员具备一定的心理学知识,能从客户的不同反应中获得更多有效信息,最终促成订单的成交。

2.4 制定详细的报价方案

前一段时间,有一个客户让我帮忙采购一款产品,于是,我在网上找了一家相关产品的供应商,开始询价。对方业务员的回复还算及时,但是回答起问题来犹如挤牙膏。

问:有5V的产品吗?

答:有的。

问:有12V的产品吗?

答:也有的。

问:对起订量有要求吗?

答：没有。

问：单色的产品，有吗？

答：也有的。

我相信，有类似沟通习惯的业务员不在少数，往往客户问一句，他们答一句，客户不问了，他们也不知道该继续向客户提供什么有用的信息。还有一些业务员，喜欢在刚刚与客户建立联系时就突兀地问客户准备下单的数量有多少，或者更不客气地问"到底有没有实单？"更可怕的是，部分业务员在得知客户没有具体需求数量、没有实单之后，就不想再浪费时间了，要么消极应对，要么直接不再回复。

戴着有色眼镜看客户的后果有两种，一种是直接被客户从备选供应商名单中删除，另一种则是因自己的怠慢或主动放弃，被同行捷足先登。

要知道，不是每一个客户都会把所有订单要求一一列明，也不是每一个客户都在手里有实单的情况下才去询价。客户有没有价值，并不能完全通过初次询盘信息的详细程度或询盘数量的多少来判断。

促使客户询价的原因多种多样，业务员可以在与客户的沟通中一点点了解对方的实际需求，也可以在与对方有了一定的情感积累之后，引导性地进行试探，而不是一开始就问"你的订单有多少？""是实单吗？"说实话，这样"急功近利"的业务员真的很让人反感。

对于多数客户来说，询价时，是需要业务员提供详细的报价方案的，通过你来我往的几句问答就能够实现订单成交的情况当然有，但少得可怜，因为多数订单的成交靠的是无数次的有效跟进，而报价是跟进中最重要的一环。

2.4.1 同款产品不同要求的报价

当客户指定一款产品要求报价的时候，通常会问："I need this product. How much is it?（我需要这款产品。它多少钱？）"可是，此时，业务员并不了解客户的实际要求，在部分参数未知的情况下，是无法报价的。

这时，该怎么处理呢？很多业务员的常规做法是一个参数一个参数与客户确认，将所有要求确认清楚后再报价。

但不是所有客户都有那份耐心，也许你尚未确认完所有细节，客户就已经不愿意与你继续沟通了。

遇到类似的情况时，我的做法是先跟客户确认几项比较关键的参数，之后以邮件的形式给他发一份详细的报价方案。

以本节开头我收到挤牙膏式回复的需求为例，如果我是那个业务员，我的报价思路是这样的。

首先，在我确定本公司可以制作客户询价的这款产品之后，我会告诉客户，这款产品的细分类很多，有5V/12V/24V的选项可供选择，且每一细分类都有单色和全彩的可选项。

其次，我会问客户能否给出订单的大致数量，方便报价。暂时没有数量也没关系，我会给出阶梯报价，供客户选择。

最后，确定这几项关键参数后，我会索要客户的邮箱，并告诉他,两个小时内,我会以邮件的方式,发详细的报价方案给他。

在随后的邮件中,我会详细列明产品的具体参数以及阶梯价格(如果没有得到具体的订单数量),比如单色的产品包括哪些款型,价格分别是多少;全彩的产品包括哪些款型,价格分别是多少。对于本公司能否提供免费样品,不同数量订单的交货周期,以及因目前芯片价格上涨导致的成本增加等问题,我会一并告知客户,提前就价格问题进行解释说明,以免对方过分砍价。

我不会等客户把全部要求都告诉我之后再进行报价,原因有两点。其一,就算我问了,客户也未必会在初次接触中坦诚地将所有需求告诉我,我不想耽误双方的时间;其二,想要在激烈的同行竞争中胜出,必须展现自己的特色,让客户对我印象深刻。

客户千差万别,需求也千差万别,即使对于同样一款产品,客户的需求有时候也会有细节上的不同,在初次选择时,往往希望进行更多的对比、考量。业务员在报价的时候,要想缩短客户的犹豫时间,就必须做到周到、详细,尽量一次性解决问题,给客户足够的备选项。有效、全面、热情的沟通,是成单必不可少的条件之一。

2.4.2 同类产品不同等级的报价

不久前,我带着一款定制产品的需求找相关供应商询价,结果因为其中某个要求达不到,对方直接告诉我"做不了",然后中止了沟通。

遇到这种情况,我很困惑。我不明白,为什么很多业务员会在这种时候选择直接放弃,为什么就不能再努力一下,为自己争取一次机会呢?

同样身为业务员的我，绝对不会这么做。

当一款产品无法满足客户的需求时，我会在同类产品中选择一款或多款某一项或某几项参数与其预期产品的参数相似的产品供客户选择，有时候甚至会直接推荐一款自己认为最合适的产品，并提供报价方案给客户进行进一步了解。

选中值得推荐的产品后，我会在邮件中详细列明为什么推荐这款产品，以及这款产品与客户所需产品的差异点、相同点。

比如，有一个客户想要一款外露灯，他的要求是产品使用WS2818型号的芯片，在直流12伏的环境中工作，且有断点续传功能，但是我们常规的使用WS2818型号芯片的外露灯只支持在直流5伏的环境中工作。这时候，我不会直接用"做不了"回应客户，而是会提供不同的方案，供客户自己选择。

方案一：更换使用GS8208型号芯片的外露灯，与使用WS2818型号芯片的外露灯相似，在直流12伏的环境中工作的要求能够被满足，也有断点续传功能，而且材料有库存，货期更短。

方案二：用WS2818型号的芯片制作支持在直流12伏环境中工作的外露灯也可以，但是需要开板且收取一定的开板费，货期在一个月左右。相比较而言，无论是从成本方面考虑，还是从交货周期方面考虑，方案一都更优。

如果此时想进一步对客户进行引导，可以这样说："In my opinion, I think solution 1 is better, because it can be shipped faster and help you save the cost of molding, but anyway, we respect your any choice. If possible, please let me know your final decision soon. Thanks!（在我来看，我觉得第

一个方案更好，因为可以更快发货，还能帮你节约模具成本，但是无论如何，我们尊重你的选择。如果可能，请尽快让我知道你的最终决定。谢谢！）"我想，把工作做到这种程度，客户应该没有什么可挑剔的了。

所以，很多时候，客户并非难以沟通，其需求也不是不可能实现，业务员转变一下思路，或许就柳暗花明了。一条路行不通，就换一条路试试，给客户提供多种选项，说不定其中就有他心仪的一种。就算最后未能达成合作又何妨？自己尽全力了，不留遗憾。

那么，对于同类但不同等级的产品，我们又该如何报价呢？再给大家举一个例子！

假如客户想要一款全彩软灯带，硬性要求是灯带中使用长宽尺寸为5.0×5.0毫米的灯珠、SK6812型号的芯片，报价时，就可以把1米30灯、1米60灯、1米74灯、1米96灯、1米144灯的灯带产品进行分别报价，此外，我还会根据防水等级的不同，将对应的产品价格一并报给客户。

每款产品的灯数不同，价格会有所不同；在不同的场地使用，所需的产品防水等级不同，价格自然也会有所不同。报价时尽可能全面一点，可以让客户根据自身需求进行多方面考虑。

我猜，很多业务员在得知上述实例中客户的硬性要求后，脱口而出的问题是"请问你需要1米多少灯的灯带"，然后就会陷入挤牙膏式一问一答中，业务员问一句，客户答一句，有可能问着问着，客户就消失了。

这时候，业务员可能还会瞪着聊天对话框，仰天长叹："客户为什么不理我？我到底做错了什么？"

我只能说，客户不理你，一点都不奇怪！这样的业务员，缺乏的是换位思考能力。没有人喜欢做事过于机械的业务员，客户需要业务员帮他解决问题，而不是制造问题；客户需要业务员为他节约时间，而不是让他浪费更多时间在没有意义的事情上。

凡事想得更加深入、更加细致，对客户更加用心，如此这般，才能战胜同行中的大多数人，成为客户眼中那个"不可替代"的业务员，从而收获更多的信任和订单。

2.4.3 同级产品不同性能的报价

每家公司都有级别相同但性能有细微差别的产品，有的功能重点不同，有的价格不同，有的外观不同，有的质量不同。

在客户对同级不同性能的产品进行询价，且其提出的条件暂时无法被满足时，很多业务员会不知道该怎么办。身为业务员，需要具备很多能力，有一项，我个人从中受益不少，那就是向客户推荐合适产品的能力。

我从2018年开始指导外贸新人，从2019年开始领导外贸团队，看到外贸新人经常会犯一个错误，那就是在跟进客户的时候，推荐产品很随性，想当然的成分比较多，自认为只要是热销的产品，客户都会喜欢；只要是价格有优势的产品，客户都会买单。事实上，并非如此。

每个客户对产品都有自己的要求和偏好，并不是热销的产品就一定能满足他的需求。这个人想买西瓜，你觉得南瓜最近卖得不错，非推荐他买南瓜，他当然不会理你。因此，推荐产品时一定要从客户的实际需求出发，不能太过于主观。

举个例子，有一个客户在很久以前询问过APA102C型号灯带的价格，但是最终并未成交，业务员应该怎么进行后续跟进呢？按照很多外贸新人的思路，深挖亮点，继续推荐相同的产品成功率更高，而如果这款产品目前的价格恰好比过去便宜，他们极可能会以价格作为突破口，引导客户成交。而我的思路是，把客户曾经询价的那款产品当作引子，这样说："I found you inquired APA102C LED strip before. Actually it has an updated version with APA102C_2020 LED, the PCB width is 5mm instead of 10mm, and it's more popular in the market. Free sample can be provided for you if needed.（我发现你之前对APA102C型号的灯带询过价。事实上，目前有一个带APA102C_2020灯珠的升级版本，PCB板的宽度只有5mm，而不是10mm，而且在市场上更受欢迎。如果你需要的话，我们可以给你提供免费样品。）"

与其推荐过去的产品，不如推荐相关产品的升级款，再以提供免费样品来吸引客户，提高客户的回复率。

如果未收到客户的回复，可以继续进行引导，近期使用过升级款产品的客户给出的反馈、该产品的市场前景等，都可以拿出来与客户分享。只要你提供的这些信息能在一定程度上给客户提供帮助，就算他不回复你，也一定会对你印象深刻，增加未来合作的可能性。

我想，看到这里，小伙伴们应该已经明白了。若同级产品中存在更多不同性能的具体产品，业务员可以将它们之间的异同点作为跟客户进一步沟通的引子。倘若客户对正在沟通的产品不太满意，不妨转变一下思路，引导他试试另外一款。除非你手中的所有产品都不能满足客户提出的硬性要求，否则完全没必要在刚开始沟通时直接说做不了。

做这类产品的报价方案时，业务员可以把每款产品的性能特点一一列明，并附上相应的报价，供客户参考，最后，还可以说出自己的观点，即你认为对客户来说，最合适的是哪一款，原因是什么。根据我过往的经验，很多客户非常期待来自业务员的意见。

业务员的意见，在某种程度上确实会影响客户的选择，尤其是在业务员跟客户的关系不错，说的也有道理的情况下，业务员的建议甚至会对客户的最终选择起决定性的作用。

总之，无论是给什么类型的产品制定报价方案，业务员都需要对客户进行适当引导，有时候，不是客户说要什么就一定得给什么，如果能完全满足对方的需求，当然最好，如果不能，也不要立刻放弃。谈生意，重在一个"谈"字，如果连谈都不会谈，这个生意还怎么做呢？

2.5 制定一个"B计划"

价格、质量、交期（从订单下达日开始至交付日之间的时间长短）、服务，这是评估一家供应商是否值得长期合作最重要的四项指标。当客户针对其中一项或几项对业务员大倒苦水，表达自己的不满时，业务员与其试图为自己辩护,或者默不作声地让客户的不满越积越多,不如制定一个相对合理的"B计划",想办法引导客户转变思路,或许能有效解除合作危机!

2.5.1 当客户不满意价格时

面对客户的询价,业务员往往会满心欢喜地报价,然后抱着一份美好的憧憬,希望这个客户是一位从不砍价的"土豪",大手一挥,痛快地下单、付款。但是,多数时候,这只不过是业务员的"白日梦",因为有相当一部分客户是会砍价的,还有一部分客户会不动声色地货比三家,甚至拿着其中最低的报价来找别的供应商压价。

而且,这还不是最让业务员崩溃的,因为愿意来砍价或压价,说明客户还未作出决定,成单的可能性还是有的。

最让业务员崩溃的是那些听完报价就直接回复一句"Too expensive(太贵了)"的客户,好像没有谈判的空间。

面对这种情况,大多数业务员要么沉默不语、就此放弃,要么悻悻然地进行降价尝试。但是,好像不管价格降多少,客户都不满意,便宜了还想再便宜,陷入死循环,很多业务员会因此无计可施,不知道该怎么办。

没有经过努力就放弃的行为肯定是不可取的,做业务需要具备迎难而上的精神,不达目的绝不轻言放弃。

但客户一说贵就立刻降价的行为同样不可取,这会让客户觉得"利润很高,业务员很好说话,我还可以再压压价"。对客户而言,价格从来没有最低,只有更低。

因此，降价可以，但是要讲究方法，没有任何附加条件的降价，只会让客户提出更加难以满足的要求。

那么，当客户不满意价格时，业务员应该怎么办呢？面对类似的情况，有没有可能化被动为主动呢？

其实，这时候，业务员首先要判断客户是真的不满意，还是假装不满意。

若客户是"真的不满意"，即价格完全超出了他的预期，对他而言确实"Too expensive（太贵了）"，那业务员急于降价，大概率是没有好结果的。举个例子，一件衣服报价100元，利润为价格的10%，而客户的心理价只有50元，那这个价格应该怎么降？恐怕在保证不亏本的情况下，降多少都毫无意义。在这种情况下，业务员可以做出判断，产品与客户不在同一个档次上，即客户不是这个产品的"目标客户"，除非你有相同品类更低档次的产品可以推荐给他，否则，这笔生意只能放弃。

若客户是"假装不满意"，那就是另一种处理方法了。很多人买东西喜欢还价，不管这个价格是不是在自己的预期范围内，或者说，他根本就没有心理价，只是习惯性地想要更低价。在外贸工作中，我碰到过不少只是随口要求降价的客户，这种情况在长期合作的客户身上尤其常见。

既然客户有这个要求，又是长期合作的关系，不妨适当让利，但降价归降价，一定要明确地告诉客户："This is the best price only for this order, but it can be negotiated if you order more in the future.（这是仅限于这张订单的最优惠价格，但是如果将来你订购更多的话，还可以再协商。)"

而对于提出降价要求的新客户来说,降价的时候可以适当地增加一些附加条件,比如订单数量达到多少可以降0.5美元,或者在一个月内下单,价格可以降到多少等。

无论如何,别让客户感觉价格降得太过容易,否则,被大幅度砍价的风险会提高。

总之,如果客户的降价预期确实超出了该产品的利润空间,可以帮客户选择与其需求相匹配的产品,或者建议客户另寻供应商,甚至不妨交个朋友,帮其寻找能满足他的需求的供应商,毕竟买卖不成仁义在,保持联系,说不定以后有合作的机会;如果客户只是试探性地要求降价,那就可以增加附加条件,探探客户的心理价,根据情况适度降价,把握好一个原则,即不要太容易松口,一定要表现出为难,要让客户觉得业务员不是不降,或者降得太少,而是真的已经尽力了。

2.5.2 当客户不满意质量时

说起质量,客户和供应商的心理其实是不一样的。站在客户的角度,当然是希望能用最少的钱买到最好的产品;但是对于供应商而言,一分钱一分货,价格和质量永远是成正比的。

买卖双方所处的立场不同,因此在面对这个问题的时候,最常见的情况是各执一词。

身为业务员,最重要的是帮客户解决问题,满足对方的需求。因此,当客户对产品质量不满意时,业务员先不要急于反驳客户,而是尽快了解清楚这一不满意是何种原因造成的,再有针对性地提出解决方案，最终与客户达成一致。

通常情况下，客户对产品质量不满意可以分为两种情况。一是产品价格低，质量有限；二是客户出了高价，但是产品质量并没有达到自己的预期。

无论是哪种情况，客户对产品质量不满意，一定是亲自使用过产品之后得出的结论。接下来，我们针对上文所述的两种情况，进行逐一分析。

情况一：产品价格低，质量有限。这种情况一般发生在下单前使劲压价的客户身上，被压价后，利润压缩，在成交价无限逼近成本价甚至低于成本价的情况下，供应商根本无法按原有质量制作产品。业务员既不愿意丢失客户，又要保证公司有利润空间，最常用的手段就是在成单后更换材料，降低产品质量，以保证利润额。

我就遇到过这种情况。2016年年底，我刚刚入职公司几个月，在客户资源极其有限的情况下，我收到了一个来自巴基斯坦的客户Musharraf的询价。

他先是购买了几个样品，在确认样品满足需求之后，他亲自跑到中国来跟我面谈订单事宜。在一个专业的采购人员面前，我显得底气不足，加上一心想要成单，因此在整个谈判过程中，一直很被动，而他，全程不停地压价。

我一开始报的1.2美元本来就是最低折扣价，他却想直接压到0.8美元。我跟领导协商数次之后，表示能给出的最大让步是以1.1美元成交。

但他仍不满意，不停地摇头，最后，几经唇枪舌剑，我们达成统一价：1美元。这个价格，想维持产品本身的质量，是万万做不到的。

当时，有且只有一个办法，那就是在实际生产时更换产品中一个部件的材料。客户作为资深买家，默许了这个不言自明的"潜规则"。

在这种情况下产生的"对质量不满意"，应该说，双方都是有心理准备的。

这里有一点需要强调，遇到类似情况，业务员必须要在成单前告诉客户，若执意以低价购买，产品质量也是会打折扣的。千万不能表面上痛快地答应了客户所要求的低价，然后在不告知对方的情况下偷偷更换材料。这种行为对公司的声誉和形象是极其不利的。

情况二：客户出了高价，但是产品质量并没有达到对方的预期。大多数注重质量的客户很少砍价，因为他们知道一分价钱一分货的道理。那么，倘若人家出了高价，却买到了劣质产品，心里的恼火在所难免。

为防止这种情况的发生，业务员要做的就是全程把关，做好生产前、生产中、出货后等一系列跟进工作，确保有瑕疵的材料不能用、有质量问题的产品不能出。

就算真的不小心出现了产品质量问题，业务员也要第一时间出面处理、解决，不要"和稀泥"，也不要"踢皮球"，是谁的责任，就得由谁承担，倘若真的是公司的问题，那就代表公司给出一个合理的解释，并拿出让客户满意的解决方案。

这才是一个真正负责任的业务员应该有的态度和担当。

我曾经处理过几起客户投诉事件，由此得到的经验是，在客户收到产品，发现与预期不一样的时候，说什么都像是在狡辩。

要么什么都不说，直接重做；要么在下一次合作时给予更大的折扣，作为补偿，都是降低客户不满的可选方案。

但是，无论如何处理，发生这种事情，对双方今后的合作都是一次挑战，甚至会让客户对业务员、对公司产生不信任感。

我有一个日本客户，是同事离职后交接给我的，本来维护起来就不太容易，偏偏还在一次订单中出现了产品质量问题。

从那以后，每次下单时，客户都会再三强调："发货前必须给我拍照、拍视频，等所有产品确认无误后再发货，否则，后果自负。"这就是一次质量问题带来的负面影响，时刻提醒我，在今后的客户维护中一定要谨慎，万一在同一个客户身上两次出现质量问题，极有可能这个客户从此就彻底离开了。

2.5.3 当客户不满意交期时

客户在下单前，几乎都会先确认交期，事实上，这也是影响客户是否下单的主要因素之一，但偏偏很多公司对这个问题并不重视。

曾经有很多次，在客户询问交期时，我去询问公司相关部门的同事，他们给出的答复千篇一律，那就是暂时无法确定，有的甚至还会很不耐烦地说："订单都还没签，就问交期？无法确定什么时候能交货！"，一句话就终止了进一步沟通的可能性。

在我看来，这并不是一个很难回答的问题啊！

回答这一问题之前，业务员可以去确认一下完成订单所需要的材料有没有。有材料的情况下，预估一个生产周期，如果常规产品的交期是7~10天，为防止中间出现变故，在客户不是很着急的情况下，可以回复10~15天，留出五天的机动时间；不过，如果货要得比较急，一般客户会给出一个交期范围，想要成功地签订单，就得尽一切可能如期发货。无材料的情况也是一样，材料交期多久，生产周期多久，业务员可以在跟生产部门确认一个大概的时间之后，加上几天的机动时间，回复客户。

当然，业务员也要提前告诉客户，回复的这个交期只是一个大概时间，并不完全准确，具体交期还是要等订单正式签署之后才知道。这样也给自己留有更改的余地，不至于把话说得太满。等客户真正下单之后，再根据具体情况，告知客户一个更加准确的交货时间，让客户心中有数。

确定交期的过程，理论上如此，但在实际操作中，有些供应商会做很多不负责任的事情。有时候，客户的货要得比较急，提前说明规定时间内必须发货，而供应商方的业务员明明知道在客户要求的交期内完不成订单，却为了完成交易，硬说交期没问题，催促客户下单、付款，等到客户真的付了款，没有反悔的余地了，再以各种理由推迟交期。更有甚者，根本不把延期交货当成一个很严重的事情，认为耽误一两天没什么大不了的。

事实上，碰到那种后续要拼箱拼柜，进行长途运输的订单，船期是早已经确定的，没有延期的余地；还有一些工程订单，也是有时间限制的，到期交不了货，客户要承担损失。此时，延期就不只是耽误一两天的小事情，而是一个灾难性的大事件。

就算客户不用承担延期导致的损失，商定了交期，最后却失信于人，也会给客户留下一个很糟糕的印象。

做生意，诚信非常重要，失信一次，老客户或许会理解，新客户则极有可能因为首次合作不愉快而中止合作，这绝不是危言耸听。

我接触过一个工程客户，因为到货时延误了工期，客户直接弃货了。虽然是老客户，考虑到货值不是很高，他没有找我索赔，但这件事让我深刻地意识到了交期的重要性。

自此之后，对于所有客户的订单，无论大小，只要商定了交期，我都及时跟进，努力确保其如期发货，哪怕确实因为一些不可控因素耽误了交期，我也会提前2~3天告知客户延期的原因、目前的进度，以及更改后的交期，给客户进行应对补救留出时间。

另外，与客户沟通订单时，我经常会在客户提及交期之前就把大概交期告知对方。我想，如果我是客户，我也会迫切地想知道下单后何时能发货，何时能收到货，这是买家的正常心理。

作为业务员，不应该仅把目光放在催客户下单、付款上，提前帮客户考虑他想要知道的以及在意的事情，在他下单、付款前一并告知，既能给客户安全感，又能让他在接触的过程中对你产生信任和依赖，从而为今后的长期合作打下基础。

还有一个建议，即沟通时，一定不要客户问一个问题，业务员才答一个问题，一个优秀的业务员，一定要知道客户在意的是什么，以及接下来想了解什么。

我认为，能做到在客户说出问题和需求之前，就把对方心中的疑虑一一打消并根据对方的情况提出产品建议的业务员，才是最厉害的业务员，因为他了解自己的客户。

2.5.4 当客户不满意服务时

我指导过的一个外贸新人问我："为什么你的客户在沟通中的态

度都那么好,我的客户就这么难以沟通?"我和他同在一家公司任职,产品的价格、质量、交期都一样,难道真的是因为我运气好,所以碰到的都是友善的客户,而他运气差,所以碰到的都是性格差的客户吗?恐怕不见得吧!在我看来,客户是否容易沟通,起决定作用的其实是业务员本人。

我指导的这个外贸新人,暂且称他为A吧,经历过一起客户投诉,那个客户是老同事离职后交接给A的,A费了不少口舌,才终于打动客户,让对方决定继续合作。

然而,好不容易得到的机会,却因为A接二连三的失误,失去了。据客户反馈,A犯了三个让他不能容忍的错误。

一是约定了交期,没按时发货;二是出货渠道没有提前与客户确认清楚,这个客户之前的订单都是走双清包税的(双清包税指在国际货运中,国际货代公司给发货方报一个总的价格,这个价格包括出口报关、目的国进口清关,以及关税等一切费用,此外,运输过程中所需要的任何清关单证,都由货代公司处理),结果这次走了常规渠道,导致客户承担了不少关税;三是当时出货到英国需要提供EORI(欧盟的经济运营商注册识别号,用于欧盟客户进口货物的清关),因为客户没有注册公司,所以无法提供,A却没有提前处理这一问题。

一件又一件,接踵而来的麻烦事让客户彻底失去了耐心,表示以后绝对不会再与我们合作!A觉得自己很委屈,有些事情自己确实控制不了啊,客户为什么就是不听解释呢?其实,这种情况在外贸工作中很常见,看起来似乎是因为外界因素导致合作不畅的,但事实上,在客户看来,业务员并不无辜。

是业务员说服客户下单的，就不能在成单后出现一系列问题时甩手不管，业务员有责任也有义务帮客户化解危机、处理问题，否则，只会让客户觉得业务员没有能力、不靠谱。

后来，领导让我以团队经理的身份给客户写一封道歉信，然而，我情真意切地表达了歉意后，客户并未买账，表示没有转圜的余地。

我想，对于失望至极的客户来说，事后致歉没有任何意义。

可以说，此次事件的发生与产品无关，与负责对接的业务员有关，也与服务有关。A的种种考虑不周，直接导致客户暴怒，进而彻底失去了合作的机会。

因此，如何成为一个能让客户满意的业务员，才是解决这类问题的关键。

很多时候，交易过程中可能会遇到的问题，客户在下单时并没有考虑到，这可能是因为客户没有直接处理相关情况的经验，也可能是客户一时疏忽，这时候，就需要业务员及时提醒客户。

以上述案例中的三个问题点为例进行分析。

问题一：交期延误。约定交期后未能按时发货，客户会有一种被欺骗的感觉，从而降低对供应商的信任，遇到这一问题时的处理方法，可阅读2.5.3小节。

问题二：出货渠道错误。关于出货渠道，如果业务员足够细心，一定能注意到之前同事给客户发的PI（形式发票，一种试算性质的货运清单）中关于运费的描述。就算没有注意到，在报价时，也应该让国际货运代理公司提供几个不同的方案，供客户选择。

问题三：未及时处理EORI相关问题。当时，所有发往英国的货，都必须提供EORI，否则客户无法顺利清关。负责发货的同事曾在公司群里提醒数次，但A不仅忽略了，还说自己没有被通知，这是无法免责的。

假设对于这三个问题，A都给予了足够的重视，结果会怎样呢？

首先，他可以及时跟进生产进度，催促负责生产的同事按时完成生产，并让对方知道延误交期可能会导致严重的后果。

其次，出货时，他可以给客户提供不同的出货渠道建议，并详细说明对应的时效和价格，让客户自行选择。进行这一沟通后，哪怕后来真的出了什么问题，客户也不会把所有责任归咎于业务员。

最后，他可以提前通知客户准备EORI，并督促客户在发货前完成，以便顺利发货。

如此一来，我不敢说客户会从此对A信任有加，但至少会觉得他是一个靠谱的人，中止合作的情况应该不会发生。

生意场上，容不得半点马虎，只要足够细心、用心，很多问题其实是可以避免的。在发现某些隐患的时候，业务员不用着急，可以立刻与客户沟通，只要处理方式经过对方认可，就算最后真的出了什么问题，也不需要承担所有责任，被客户埋怨。

总之，要获取客户的信任，不是大肆宣传我的服务有多好，而是要在实际工作中展示给客户看。作为一个业务员，想脱颖而出，就必须要比别人多做一点，替客户多想一点，让合作者少操心一点，尽全力优化自己的服务，把不好做到好，把好做到更好，把更好做到最好。

第 3 章
外贸商务谈判的流程和技巧

在外贸工作中,不管是通过邮件、即时聊天工具进行线上沟通,还是面对面地进行磋商、洽谈,业务员经常要通过各种方式与客户进行商务谈判。所谓商务谈判,其实就是买卖双方相互争取自己利益最大化的过程,彼此先提出各自的要求和条件,然后通过沟通、协商,力争达成统一。本章将带大家深入学习和了解外贸商务谈判的相关事宜。

本章主要涉及的知识点

◎ 面对面谈判的流程和注意事项

◎ 邮件谈判中的沟通"套路"

◎ 如何应对不同性格的客户

!注意

文中观点是作者在自身实践中的提炼和总结,仅供参考。

3.1 面对面谈判的流程

在实际外贸工作中，虽然业务员与客户经常通过邮件或即时聊天工具进行沟通，偶尔电话沟通，面对面谈判的机会并不是很多，但是，不得不承认的是，面对面谈判成单的概率是所有沟通方式中最高的。

很多外贸新人惧怕与客户进行面对面谈判，原因无非是担心自己的英语口语不好，不知道客户来了如何高效沟通，或者所属公司是规模较小的贸易公司，没有附属工厂，竞争力有限，怕通不过客户的审查。

事实上，完全不用过于担心。如果客户提出面谈，业务员应该感到高兴，能与客户面对面交流，近距离了解客户的需求，就算最终未成单，也得到了一次免费学习和锻炼自己的机会，何乐而不为呢？只要把自己该提前了解的事情了解到位，该提前准备的资料准备好，既来之则安之，没什么值得紧张的。

3.1.1 确定会面时间和地点

业务员收到客户询问是否可以来公司面谈的消息之后，一定要第一时间回复客户，了解对方来访的主要目的并向他表示欢迎，然后与客户确认具体的来访时间，并沟通是否需要帮忙预订酒店，以及同行的人数等，以便到时安排接送。除此之外，负责接待的业务员还要对客户家乡的饮食禁忌、风俗习惯有一定的了解。

对于客户来访的主要目的,业务员心里一定要有数,以便提前准备相关资料——客户来了,要有东西可谈,要对合作有实质性的推动,不然人家千里迢迢而来,付出了时间、精力,业务员却因准备不足而无话可说,白白浪费一次面谈的好机会。

寻求面谈的客户一般分为两种,即有明确目标产品的和暂时没有明确目标产品但有合作意向的。关于接待这两种客户分别需要做哪些准备工作,我将在3.1.2小节中进行详细说明。

对于有多名来访人员同行的客户,业务员最好提前了解每个人的身份、职位,以便知道该跟谁谈,如何去谈。

关于订酒店,多数客户会自己选择并预订合适的住处,但也会有例外。我就遇到过一个客户,他自己在网上选了两个酒店,但不知道哪个更好,便让我提建议。我查了一下两个酒店的位置和房价,选了一个性价比较高的推荐给了他,他入住后很满意,非常感谢我的帮助。

所以,在客户确定来访后,一定要了解一下对方有没有订酒店,需不需要帮助。如果已经订好了,就提前问明客户酒店的名称和具体地址,方便接送。

关于饮食禁忌,我是在这方面犯过错误的。有一次,我接待了一位来自印度尼西亚的客户,到了午餐时间,我原以为他会像其他海外客户一样,想尝尝中国美食,没想到在我满心欢喜地发出邀请的时候,他郑重地向我摇了摇头,从自己随身携带的包里拿出一个被包裹得很严实的东西,并指着它对我说:"I eat this.(我吃这个。)"我这才知道，原来他是一个穆斯林，因为饮食禁忌很多，所以习惯自己随身带食物。

关于风俗习惯，业务员可以事先了解一下客户家乡的风土人情，便于在初次见面时找到聊天突破口，迅速亲近。商务谈判虽重在商务，但也不必只谈商务。

我接待过一个来自克罗地亚的客户，因为了解到旅游业是克罗地亚的支柱产业之一，所以我提前通过网上信息对当地比较著名的景点进行了了解。

在与客户进行商务谈判前，闲聊间，我提及了这几个景点，他兴奋地拿起手机搜索了很多相关图片，并一一给我做了介绍，短时间内，我们就亲近了很多。结束商务谈判后，我们还一起去了深圳世界之窗，看了那些克罗地亚景点在中国的仿景。

回酒店的路上，客户表示很开心，主动询问订单售后问题，并在回国一周内，果断地下了单。

很多国外客户来中国，并不只是处理一件事情，或者拜访一个供应商，往往都有自己紧凑的行程安排，毕竟来一趟不容易。所以，跟客户约定好时间后，务必要守时，在客户来访的前一天，最好再次与他确认一下，以防出现什么变动。

会面时，通常是供应方派车去车站或机场迎接客户，会面地点一般选在公司，或其他根据目标合作产品的特点特殊约定的公开场合。

这里需要提醒的一点是，害人之心不可有，防人之心不可无，如果客户提出在酒店房间等较私密场所会面的要求，业务员可酌情拒绝，在努力工作的同时，也要注意保护自己。

3.1.2 谈判前的准备

跟客户约好会面的时间和地点后，为确保谈判圆满成功，业务员需要做一些前期准备工作。

首先，写派车申请。在申请中写明接客户的具体时间、地点，最好提前让客户提供一张自己的照片，以免发生接错人的乌龙事件。

其次，做迎接牌。去机场或车站接客户的时候，最好做一个迎接牌。迎接牌的内容包括自己公司的名称和LOGO（公司标识），以及"Welcome ××（客户名字）"即可。

最后，其他必要准备也不可忽视。客户来公司参观的时候，除了准备好茶点、咖啡之外，根据客户情况准备产品目录和样品也是必要的，以便客户更全面地了解公司。

至于公司门口的迎接标语、业务部门列队欢迎等仪式上的准备，可以有，也可以没有。根据我过往接待客户的经验，国外的合作者都比较随性，不太在意这些仪式类的东西。

不过，公司内外一定要干净、整洁，尤其是生产车间，要布局合理、分工明确。

迎接客户的时候，建议业务员随行，并且可以在车上放一本产品彩页，但是客户上车之后，最好不要急于谈论订单。

业务员最好先主动跟客户寒暄几句，以拉近彼此的距离，以下几个话题，可以作为备选切入点："这是你第几次来中国？""你最喜欢中国的哪个城市？""你最喜欢中国的哪个明星？""你喜欢吃中国菜吗？哪个菜系是你的最爱？"等。每个问题都可以引申出不少其他问题，让业务员和客户快速熟悉起来。接客户去公司的路上，是与客户拉近距离的最佳时机，业务员千万不要沉默不语或者过分紧张、不安。

到了公司，正式谈判开始之前，业务员应该先安排客户休息片刻，给客户泡一杯茶或者冲一杯咖啡，让他翻看一下摆在桌上的产品彩页和样品，消除客户对环境的陌生感。

这是一个循序渐进的过程，不要一见面就直入主题。

3.1.1小节中提到，我把所有进入面谈环节的客户分为两类，一类是有明确目标产品的，另一类是暂时没有明确目标产品但有合作意向的。不管是哪一类客户，产品的价格和质量，都是他们来访时最关注的两个方面。

对于询问过具体产品的客户，一般在与客户确定来访日期之前，我就已经对客户的需求有了一定的了解。

在这种情况下，除了根据客户的需求给出一个完整的报价方案外，我还会针对价格和质量的不同，准备两个预备方案，以便给客户提供更多选择。这里，我建议业务员们提前根据客户的需求准备一个样品，以便在谈判中直接展示给客户。如果做样品的时间不够，至少要有一个类似的产品供客户参考，实物永远比写满各种数据的报价方案更真实可靠。

用灯具举例，比如客户想要的产品是DMX硬灯条，该产品的常规状态是一米48灯，客户却要求一米60灯，在一米60灯的产品需要开板定制，做样时间长且需要收取开板费的情况下，客户来访时，我们就可以提供一米48灯的样品,并分别提供这两款产品的报价,以供客户参考。在客户离开时,业务员可以视情况免费让客户带走一个样品(需要考虑产品的货值)。

对于来访前并没有明确的产品需求,只有合作意向的客户,我会通过与客户的沟通情况,大致判断他对价格和质量的要求,给他推荐几款在他所在的国家比较热销的产品,并做一份MOQ(最小起订量)报价单。

虽然这类客户没有提出明确的需求,但如果业务员真的什么材料都不准备,就显得对客户很不重视,也让客户的来访失去了意义。

我有一个客户,在2019年决定来中国谈生意,但是当时并没有实际的订单准备与我合作,我知道,他联系我只是想让我帮他做一个邀请函。

既然邀请函是我做的,发自我任职的公司,那么就算暂时没有合作需求,他也理应要来公司看一看。当时,我正发愁该怎么跟这个客户建立联系呢,做邀请函对我来说自然成了一个很好的机会。于是,发出邀请函后,在客户到访之前,我把他之前下过的订单全部导出,重新给每个产品核了价,然后准备了几款新产品的样品和规格书。

面谈之后,客户带走了其中一款新产品的样品,并在接下来的2020年数次针对这款产品进行询盘,2021年,他终于下了订单,总金额将近六万美元。

所以,就算客户在来访时没有明确目标,也不可随意敷衍,当下不下单,不代表以后不会下单,业务员要做好充分的准备去迎接每一位客户,把该提供的资料提供到位,得到订单只是早晚的事。

3.1.3 谈判中的注意事项

在与客户谈判的过程中，除了回答他提出的问题，业务员还需要通过主动沟通，了解客户更多的需求，并做好详细记录。

比如，客户在当地采取的是怎样的销售模式；对产品有什么特殊要求；之前是否在中国采购过；有没有需要我们特别注意的制作细节等，这些都是可以通过一定的沟通技巧从客户口中获取的信息。

需要注意的是，业务员一定不能在客户来访之前就通过已知的有限信息，给客户"下定义"，尤其需要避免给其贴上"无潜力"的标签，如果提前在心理上有了成见，行动上必然会有所怠慢，容易出现考虑不周、沟通不到位的问题，进而丧失合作的机会。

两年前，我接待过一个加拿大客户，他来中国之前，询价的产品范围很宽泛，在邮件沟通之初，他甚至说："I'm interested in all your products.（我对你所有的产品都感兴趣。）"看到这样的话，我甚至已经在心中确定此客户不专业，只是本着负责任的态度，考虑到对方来访一次的成本较高，还是认真地做好了前期的准备工作。

我查看了对方公司的网站，发现他是做舞台演出业务的，而我有几个已经在合作的同领域客户，因此，我把目前合作的同领域客户经常用到的几款产品整理出来，制定了一个详细的报价方案，并备好了几个样品。

在与客户面对面沟通的过程中，当我问及他之前有没有用过此类产品、效果如何的时候，他告诉我，他们对灯具的需求量很大，希望能够找到一家有自主研发实力的供应商合作，而我任职的公司定制类产品居多，在同行中具有一定的优势，所以他对合作充满信心，想了解我们的"所有产品"。后来,客户参观了工厂,表示符合预期,我们就顺理成章地开始了合作,一直持续到现在。

除了不要带着成见进入沟通之外,业务员在跟客户谈判的时候,还要认真聆听客户的需求,争取通过沟通获得更多的内部消息。在了解客户的同时,业务员也要及时介绍自己公司的优势,必要时可以通过讲述具体案例进行佐证,提高合作的可能性。

另外,如果业务员任职的公司是没有附属工厂的贸易公司,在客户到来之前,业务员一定要与合作的工厂打好招呼,这样当客户要求参观工厂的时候,不至于措手不及。不过,如果客户自己不提参观工厂的要求,业务员也不必主动建议,以免增加达成合作的不确定性。

最后,再来说说付款方式,这也是谈判中涉及最多的问题之一。

现在,大多数外贸公司默认的付款方式是电汇,部分外贸公司会进一步要求货款100%做货前结清。若客户提出电汇30%预付款,发货前结清70%尾款的方案,业务员一定不要立刻接受,要表现得为难,哪怕这是在公司可以接受的范围内。随后,业务员可以给出一个自己的方案,比如电汇50%定金,发货前结清另50%的余款。若客户执意坚持自己提出的付款方案,业务员可以在表现得为难的同时告诉客户,会后一定尽力向领导申请,再以邮件的方式告知客户申请结果。

谈判时,业务员不要轻易答应客户的要求,要尽可能为公司争取更大的利益;可以给对方提供折中方案,但万不可突破底线,让自己左右为难,从而丧失谈判的主动权。

我做过几年采购工作,对买家心理有一定的了解。一旦供应商在付款方式上有所妥协，原本的"月结30天（付款日定在结算日之后的30天，"月结60天"等可同理类推）"就会因为供应商的"好说话"演变成"月结60天"或"月结90天"，甚至更长。无论是供应商还是客户，大家都想为自己争取更大的利益，轻易让步，只会让对方得寸进尺。

3.1.4　商务餐、商务旅行的安排

有时候，看到电视剧中的供应商为了得到订单，带客户旅行、替客户安排各种私人行程的桥段，我都感觉特别不真实，因为在现实中，大部分外贸供应商在订单未确认之前，是不太愿意在客户身上付出太多成本的，虽然这种做法在某种程度上真的能对订单的成交起到很大的推动作用。

根据我个人的经验，在面对面谈判结束后，如果业务员能争取到一次与客户共进午餐或晚餐的机会，成单的概率会大大提升。

不过，业务员也要事先对客户有一定的了解，避免像3.1.1小节中提到的穆斯林客户案例那样，好心办坏事。

很多人都听过这样一句话，没有什么问题是一顿饭解决不了的，愉快的聚餐经历，确实能迅速拉近彼此的距离。尤其是第一次来中国的国外客户，商务谈判后，一般都要四处参观一下，带点纪念品回去，才算不虚此行。那么，我们身为东道主，自然要把客户照顾好，争取给对方留下一个好印象。

我有一个菲律宾客户，一行四人第一次来中国是为了与我进行面对面谈判——他们有一个项目会用到我们的灯具，但不知道什么样的

控制系统最合适,想来公司具体了解一下。

谈判过程挺愉快的,他们参观了工厂、测试了样品,我们也实际演示了控制器的操作方法。谈判结束时,他们选择了一些样品准备带走,商定回国后再转账给我。

眼看到了午餐时间,领导告诉我工业园的西餐厅还不错,可以带客户去,自己却借故离开。

吃饭时,客户并没有表现出不满,我们聊得还挺开心。饭后,我们又回公司取了一些资料,最后由领导开车送客户回酒店,我并没有同行。

后来我才知道,回酒店的路上,客户问领导去深圳世界之窗游玩需要多少钱,虽然根据入园时间的不同,门票价格不同,但领导没有考虑那么多,只说了白天的门票价格,并未提到晚上入园的价格。

随后几天,客户又拜访了别的供应商。在他回国后,我询问样品费,没想到客户给我连发了三封控诉邮件,大致讲了两件事情。

第一,自己承诺的样品费一定会给,不要催,并附上了付款水单。

第二,以后不会再跟我们合作,因为我们领导的态度令他很不满意,觉得自己没有受到足够的重视。

邮件中,他提到了中午的商务餐领导没有参加的事情,以及回酒店的路上领导虚报深圳世界之窗门票价格的事情(别的供应商晚上带他们去游玩,门票价格是白天的一半)。

我把这件事情汇报给领导,得到的回应是客户过于小气。就这样,一个潜力不错的客户就此失去了。讲这个例子,我想强调的是,很多时候,成败的关键在于细节。

虽然商务餐和商务旅行只是客户来访众多环节中很小的组成部分，但是我们的表现可能给客户留下深刻印象，甚至直接影响接下来的合作。

倘若在客户来访期间，我们因为考虑不周怠慢了他，让他心生不满，恐怕产品再好也不会有合作的机会。尤其是在客户有很多备选供应商，且各家提供的产品各方面性能都差不多的情况下，服务细节上的失误，很可能是失去合作机会的决定因素。

当然，并不是所有客户都愿意与业务员一起就餐或旅行，"吃人的嘴软，拿人的手短"，很多外国人也深知这个道理，因此有客户会主动拒绝我们发出的邀请。即便如此，客户是否拒绝是一回事，我们是否邀请是另外一回事，邀请的举动反映了我们对客户的重视程度，客户有拒绝的权利，但是我们该有的态度一定得有。

3.1.5 谈判后该如何跟进

对于业务员来说，与客户谈判的每一步都很重要，那些很多人不甚在意的环节，很可能成为决定成败的关键点，比如谈判后的跟进工作做得是否到位，就很能体现业务员的工作态度和专业程度。

很多人可能不以为然，认为谈判中跟客户交流得很好，客户也保证回国后会再联系，那不妨等客户回国后再说，不用急着跟进。

有句话叫趁热打铁，错过了时机，说不定客户就不记得曾经的"保证"了，或者已经把订单下给了跟进更及时的业务员。

前面已经提到，客户跨国面谈生意，很可能会货比三家，极少有且只有一个选择，谁能在与客户面谈后第一时间抢占先机，谁就有可能成功拿下订单。

曾经有外贸新人问我:"你面谈客户的成功率这么高,是不是有什么秘诀?"事实上,我并没有所谓的秘诀,因为只要足够用心,谁都能做到。

在谈判结束之后,我通常会对客户说:"I will collect all details we talked today and e-mail them to you later.(我将整理我们今天谈论的所有细节,稍后发邮件给你。)"因为在与客户谈判的过程中,我会全程记录谈判细节。

记录的内容包括我们在谈判过程中提及的合作细节;客户对产品的具体要求;客户最在意的问题;我对客户许下的承诺;我们需要再次确认的要点等,在客户离开的当天,我会把谈判涉及的所有内容整理好,以邮件的形式发给客户进行再次确认,接下来,我还会针对一些需要继续核实的要点,进行后续跟进,并及时更新记录、发送邮件。

这种认真、负责、高效且专业的态度,让我得到了几乎所有来访客户的好评。

接下来,我给大家展示一个具体案例。

Hello, Felix,

It's Elisa again. We had a happy business meeting today. I'm looking forward to seeing you soon next time.

Meeting details below as a conclusion. Specifications are attached.

(1) GS8208 chip

(2) SJ-10-SK6812

(3) SJ-20-ICRGB-35

(4) SJ-50B-ICRGB

(5) SJ-303-12V-35

All can be customized with GS8208 chip as I said to you, just with different price. The spacing distance can also be customized.

- Production Time

Sample of customized items: 10~20days

Mass production for customized items: around one month

- Payment Term : T/T 100% before delivery

30% as deposit for normal products, 70% balance before delivery

50% as deposit for customized products, 50% balance before delivery

As for the price, more quantity more discount will be. The quotation I sent you is just for the minimum order. I'll quote you best price as soon as you confirm the specific product and let me know the detailed order quantity. If you have any other problems or comments, please don't hesitate to contact me. Looking forward to your final confirmation.

By the way, here is a photo of us in the attachment. Please take care when you go to Guangzhou tonight!

Kindest regards,

Elisa

翻译注释：

你好，菲利克斯。

我是Elisa。今天，我们进行了一次愉快的商务会面。希望下次很快再见到你。

会议细节总结如下。产品规格书可见附件。

（1）GS8208芯片

（2）SJ-10-SK6812

（3）SJ-20-ICRGB-35

（4）SJ-50B-ICRGB

（5）SJ-303-12V-35

如我所说，所有产品都可以定制成使用GS8208芯片的产品，只是价格不同。（产品中组件的）间距同样可以定制。

- 生产周期

特制产品的样品：10~20天

特制产品的大货：大约一个月

- 付款方式：电汇，100%发货前结清

常规产品30%定金，70%余款发货前结清

特制产品50%定金，50%余款发货前结清

至于价格，数量越多，价格越优惠。我提供给你的报价只是在订单量为最小订单量时的报价。一旦你确认了所需的具体产品并告诉我将订购的产品数量，我会报一个最优惠的价格给你。如果你有其他任何问题或建议，请不要犹豫，随时与我联系。我期待你的最终确认。

顺便说一下，附件中有咱们俩的合影。今晚去广州的时候，请注

意安全！

　　致以最诚挚的问候，

　　伊莉莎

　　谈判结束后的第一封邮件，内容可以是谈判记录，作用则相当于与客户再次建立联系的引子，此外，把双方谈判的要点以邮件的形式梳理一遍，可以防止出现遗漏。这一步十分关键，是在为接下来的正式合作打好基础。

3.2　邮件沟通的技巧

　　不管是否与客户进行过面对面谈判，在订单最终成交之前，业务员都要通过邮件与客户进行反复沟通。首先是订单细节上的沟通，其次，在所有订单细节确认完毕之后，要进行打样、测样、改样、最终确认样品等一系列步骤中的沟通，就算这一切都顺利推进，最终大货订单能否顺利签订也无法预知，因为中间存在诸多变数，有些是业务员可控的，有些则是业务员无能为力的。不管遇到什么情况，只要影响了订单成交进度，业务员就需要与客户进行邮件沟通。

　　可以说，订单的成交是一个循序渐进、水到渠成的过程，急不得，也没有什么捷径可以走。各种变数的存在，要求业务员在与客户进行邮件沟通时掌握一定的沟通技巧，尽可能避免那些可控变数的发生。

实际上，邮件沟通的过程，是一个让客户对从未谋面或只见过一两次面的业务员从不信任到产生信任，再到依赖的过程。

在这一过程中，客户能否记住你、相信你、选择你，很考验业务员的沟通能力。沟通是一门技术，也是业务员综合实力的具体体现。

3.2.1 用好"免费样品"这一招

作为产品品质的代表，几乎所有大货订单签订前，客户都会要求先看样品。根据产品货值的高低之分，样品可分为付费样品和免费样品。

对于货值低的产品，很多公司允许业务员为客户提供免费样品。在客户眼中，免费样品比付费样品更具吸引力，那么，业务员应该如何使用免费样品，才能让其在促进合作的过程中发挥更大的作用呢？我们分以下四种情况进行详细说明。

1. 在客户觉得价格贵的时候

作为卖家，最喜欢的是质疑少、付款迅速的客户，最讨厌的则莫过于问题多、犹豫期长、爱讨价还价的客户，不管客户财力如何，价格是买卖双方永远绕不开的话题之一。

很多新手业务员面对客户的"Too expensive（太贵了）"这一消息时，会手足无措，不知道接下来该如何应对。价格报的明明不高啊，客户为什么要一直压价呢？这恐怕是困扰很多供应商的千古难题。事实上，说价格贵，体现的是买家的习惯心理，我们自己去买东西的时候也一样，就算商品已经降价了，依然期待它的价格再降一步，谁不希望自己买到的东西物美价廉呢？

因此，面对客户的砍价，业务员要做的不是一直跟客户在价格上争执不休，而是尝试赋予产品更多的价值，降低客户对价格的关注度。

当客户要求更低的价格时，业务员不妨这样回复："Lower price is possible, but before cuting the price, I think you'd better have a look at the free sample first so that you can have it in your hand to check the quality and know why the price is higher.（更低的价格是有可能的，但是在降价之前，我想你最好先看一下免费样品，以便你能把它拿在手里，更好地检查质量，并且知道它为什么价格比较高。）"同时，业务员还可以建议客户货比三家，针对同款产品，对不同供应商的价格、产品质量、服务进行综合对比。

这里要强调的是，业务员一定要对自家产品有清晰的认识，且表现出足够的自信，倘若连自己都对自己的产品没有信心，又怎么能说服客户为它下单呢？

另外，如果客户不方便收样品，可以为产品拍一个视频，从内到外地展示自家产品独有的特点和优势。正如每个人都有自己的核心价值一样，产品也是如此，业务员一定不能因为客户的一两句质疑就方寸大乱，找准突破口，充分展示产品的价值，才能提高成单率。

2. 在客户因无法确定产品质量而过于关注价格的时候

大家都知道"一分钱一分货"的道理，在某种程度上，产品的质量差别确实可以通过价格高低得到体现，但是在客户没有亲眼见到产品的时候，再怎么强调质量都难免有些苍白无力，客户很难不关注外观相差无几但价格更具优势的同类竞争品，这非常不利于订单的成交。

在客户因无法确定产品质量而过于关注价格的时候，对客户而言，业务员口中的"道理"都等同于"歪理"，这时，免费样品就可以让客户"眼见为实"——对于真正高质量的产品来说，对方亲眼见证产品的质量后，成单的可能性自然会大大提升。遇到这种情况，业务员可以这样跟客户说："You know if one product has higher quality, it means higher price as well, so I think a free sample is a better way to prove it. I don't want to just say how good our product is. If you test it yourself and confirm it's good, it will be really good.（你知道，假如一款产品有一个较高的质量，那也就意味着更高的价格，我想，免费样品能更好地证明它的质量。我不想只是自夸我们的产品有多好，如果你能亲自测试一下并确认它是好的，它才是真的好。）"

3. 在客户犹豫不决的时候

通常，在客户说"Let me think about it（让我考虑一下）"或"I will buy it in a few days（我过几天再买）"的时候，如果业务员不及时采取措施，这一单十有八九就不会再有下文了——客户不是找别的供应商询价去了，就是会进入一段长时间的犹豫期。其实，不管客户决定暂时不下单的原因是什么，此时，他的购买欲望肯定是没有那么强烈的，那么，业务员要做的就是提升客户的购买欲望。针对客户的兴趣点，业务员可以这样说："As you said you like the appearance of this product, I'm confident you will love it very much if you have it in your hand. Actually it is a new product we developed. We decided to send you free sample for testing. If possible, we also hope to get more valuable and professional suggestions from you.（你说过，你喜欢这款产品的外观，若你把它拿在手上，我相信你会非常喜欢它。事实上，这是我们研发的一款新产品，我们决定寄免费样品给你进行测试。如果可能的话，我们也希望能从你那里得到更多有价值和专业的建议。）"

总之，业务员要站在客户的角度分析客户的心理，尽可能让客户有继续沟通的兴趣，客户对业务员说得越多，成单的可能性就越大，毕竟大家的时间都是宝贵的，谁都不想在一件没有意义的事情上浪费时间。因此，客户付出的时间成本越高，达成合作的可能性就越大。

4. 在客户的要求无法立即被满足的时候

不久前，有一个客户让我针对一款特制产品进行报价，得到报价后，又问我能不能先给他发一个样品。因为产品是特制的，做样品的交期需要二十天左右，不仅用时长，还要收取开板费，所以我咨询了看管仓库的同事，想看看是否有更好的替代方法。得知库存中有丝印不同、颜色不同的同款产品后，我这样回复客户："We have white PCB with different silkscreen in stock. I think it's better to send you one as a free sample for testing first. If so, the molding fee won't be charged and the sample production time is saved as well. I think it's really the best solution. What's your opinion?（我们的库存中有带有不同丝印的白板产品，我想，最好先发给你其中一款，作为免费样品，以供测试。这样的话，就不用收取模具费了，而且节省了生产样品的时间。这真的是最好的解决方案了，你觉得呢？）"客户答应了。这一处理方法，既帮客户节约了时间，又让客户免费测试了样品，用最小的成本提高了成单概率。

面对客户的问题,业务员需要头脑灵活、懂得变通,不要过于教条,在一件事情的实现难度过大时,不妨转变一下思路,想想有没有更好的解决办法。比起执着地站在自己的立场上考虑问题,如果业务员能多换位思考,多替客户想一想,带着"如果我是客户,怎样的处理方式才是令我最满意的?"这一问题工作,一定会工作得更加轻松。省时、省力、省心又省钱,永远是客户希望供应商帮自己达到的最理想状态。

3.2.2 怎么委婉而不失礼貌地拒绝

业务员要想与客户保持长久的合作,偶尔帮客户一点儿小忙是可以的,比如客户同时买了不同供应商的不同产品,为了省事,也为了节约运费成本,要求把货统一发给你,再由你集中发货给他,这种举手之劳的忙,能帮当然得帮,更何况客户能求助于你,在某种意义上说,也是对你的信任和肯定。

然而,凡事都讲究一个度,为了博取客户的认可,一味地妥协并提供无偿的帮助,从长远来看,对自己并不是一件好事。

对待客户,我是一个喜欢把"丑话"说在前面的人。曾经有一个英国客户,需要买机械设备,他经常在我这里购买灯具,平时,我们的关系也不错,于是,他求助于我,希望我出面帮他联系一个机械设备供应商。面对客户的请求,不帮不太好,但我是个机械设备门外汉,很怕帮倒忙。于是,我直言不讳地对客户说:"虽然我对机械设备不太了解,但是我可以帮你找一家专业生产机械设备的供应商。如果你愿意，我可以代你跟他交涉，不过前提是需要收取一部分佣金，希望你能够理解。"

我这样做，其实是在委婉地拒绝客户，但同时，我也没有完全将此事置之不理，而是用了一点时间，为他筛选了一家在业内口碑不错的机械设备供应商。

两天后，我把自己筛选出的供应商推荐给了客户，并明确说明对方的产品和他的需求有点不一样，需要详细沟通，同时把产品参数及报价发给了他。客户收到资料后，向我表示了感谢。虽然此事最终不了了之，但是这并未影响我们之间的合作关系。

业务员不要觉得你拒绝了客户的请求，或者提出了有偿帮忙的要求，客户就会对你有看法，影响你们之间的合作关系。其实恰恰相反，你付出了自己的时间，帮客户找到了专业的供应商，甚至愿意做中间人帮客户把关，操了心，办了事，从中收取一点利润，本就在情理之中，没什么不敢明说的。帮忙可以，但不可以没有底线地付出，因为我们不是客户的免费劳动力。

前不久，有一个与我合作多年的韩国客户发来一封邮件，大致内容是之前我们与他们合作的订单中的软灯条现在需要返工，加上套管和端子线，总共库存1000多条，问我能不能安排工厂帮他们返工，但并未提及付费一事。我在向领导汇报之后，回复邮件如下。

Hi, GJ,

Thanks for your e-mail.

After bargaining with my boss, finally I came up with the following solutions:

- Solution one

You return the wires directly to us for rework, $0.8 per piece, but you have to pay for the shipping fee & customs back and forth.

- Solution two

We sent you Tube & 4-pin wires only. You rework it by yourself. The cost is $0.4+$0.2=$0.6 per piece.

I think solution two is better to help you save the costs.

What's your choice please?

Kindest regards,

Elisa

翻译注释:

你好,GJ

感谢你的邮件。

在与我的领导商议之后,最终,我拟出如下解决方案。

- 方案一

你直接退货给我们进行返工,0.8美元一件,但是你必须承担来回的运费和关税。

- 方案二

我们只提供套管和4芯端子线,你自己负责返工。费用是每件0.4美元+0.2美元=0.6美元。

我觉得方案二能更好地帮你节约成本。

请问你的选择是什么呢？

致以最诚挚的问候，

伊莉莎

最终，客户考虑到自己返工不专业，怕后续出现过多不良品，耽误更多时间，决定采用方案一。在随后的实际操作过程中，仅关税一项，客户就支付了1400美元左右的费用，加上往返运费，返工成本比方案二多2000美元。因为我事先跟客户讲明了所有情况，他们毫无异议地自行承担了这些成本，我试图帮其节约成本的做法虽然被他们婉拒了，但专业、客观的形象建立起来了，有助于后续更长久的合作。

根据这么多年与外国客户打交道的经验，我发现与其因为怕客户生气而选择拐弯抹角地表达，不如直截了当地说出自己的真实想法。做生意嘛，又不是做慈善，当然得以保证自身利益不受损为前提。换句话说，就算是做慈善，也总得有个起因和诉求，不能毫无底线地付出。

想让客户了解你的苦衷，那就诚实地告诉他，以期得到他的理解，而不是瞻前顾后、闪烁其词，让对方心生不满。

综上所述，业务员可以在自己的能力范围内尽可能多地帮客户节约成本，但是该收的钱得收，该让客户支付的费用得让客户支付。跟客户谈钱不会伤感情，但一味地谈感情，最后伤心的一定是业务员自己。

3.2.3 当好领导和客户的"传声筒"

有人说,业务员其实就是领导和客户之间的"传声筒",从某种意义上来说,这话是有一定道理的,因为很多时候,身为业务员的我们,在诸如付款方式无法达成合意、特殊折扣的申请、客户索赔等问题上,并没有决策权,领导才是最后作决定的那个人。

在我刚开始做外贸工作的时候,经历过一件因为领导的一个决定,损失了一个努力沟通了很久的客户的事情。当时的我,好不容易谈成了一个客户,样品确认合格后,客户准备下单。但是,当时做产品是有起订量要求的,而客户的首单量无论如何也达不到起订量。

我跟领导申请了很多次,他都不同意,说达不到起订量就做不了。我当时任职的是一家小规模贸易公司,严重受制于工厂,最终,我不得不含泪放弃了那个我好不容易沟通好的订单。虽然很可惜,但是我无能为力。

所以,领导的意见,有时候直接决定着订单能否成交,这并非危言耸听。

在实际外贸工作中,与领导沟通和与客户沟通同样重要,而领导与客户之间,是靠业务员来维系的。一个客户的实力如何、有没有潜力、以后会不会有成交大订单的可能性,领导是通过业务员传达的信息来进行判断的,因此,能不能让领导最大限度地给客户提供支持,是对业务员能力的重要考验。

我的同事,业务员T有一位客户,需要一款控制器来控制灯具效果,因为对方的需求是在户外使用,所以适用常规SD卡脱机款控制器,但是不知道为什么,T给客户推荐了一款价格更高的联机款控制器。客户呢，可能是出于对T的信任，并没有问太多问题，直接付了款。

然而，客户收到货后，问题出现了。价格更高的联机款控制器反而不支持在户外使用，客户很生气，要求退货。

脱机款控制器的价格比较便宜，只要29美元，而联机款控制器的价格是200美元。如果答应客户的退货要求，除了耽误时间、影响客户使用以外，还会带给客户一次糟糕的购物体验，再加上关税和运费支出，这成本太高了。

T当然不想让客户退货，但又找不到合适的解决方案，不得不求助于领导。他把事情的来龙去脉讲给领导听后，试探性地问："我能不能免费发一台脱机款控制器给客户？"领导当即拒绝了！

T很沮丧，不知道该怎么说服领导，更不知道该怎么向客户交代。当时是周六，我刚好来公司加班，碰到了愁眉不展的他，他就让我帮他出出主意。

听了他的陈述后，我毫不犹豫地跟他说："如果我是领导，我也会拒绝你！因为你的求助根本没有意义。"我之所以作出如此判断，主要有以下三方面考量：第一，他没有让领导了解到这个客户的价值；第二，他没有讲明如果客户退货，公司将承担什么样的损失；第三，他没有给领导提供一个合理且完整的解决方案。

听后，他问我："如果是你呢？你会怎么处理这件事？"我想了想，给T提供了一个思路。

因为下单时，客户没有对联机款控制器进行质疑，我们可以推测，客户对联机款控制器是有需求的。那么，不妨这么跟客户说：

"我们可以免费发一台脱机款控制器给你,但是能不能麻烦你承担相应的运费呢?如果实在为难,运费也可以由我们来承担,只希望不要因为此次事件,影响我们今后的合作。至于那台联机款控制器,能否不退货?毕竟你以后用得着,退回来的话,成本也挺高的。"

跟领导,则可以这样说:"免费给客户发一台脱机款控制器,仅需要29美元,我会争取说服客户承担此次运费的。如果按客户所说,退货的话,关税和运费不少,成本远远高于29美元。对方是新客户,首次合作带给他的购物体验不好,不利于今后的合作,而且,我上网查了一下,这个客户经常有用控制器做灯具项目的需求,合作潜力还是挺大的,如果因为29美元,让自己直面丢失优质客户的风险,有点得不偿失!"

按照这一思路,T跟客户沟通之后,客户欣然接受由我们免费发一台脱机款控制器,由他们承担运费的方案,并不再提退货的事情。而领导呢?经过一番思索之后,也同意了这一处理方案。

T觉得很不可思议,他说,领导刚刚拒绝得很坚决,为什么这次会同意呢?客户也让他想不通,对方居然答应承担运费了。我说:"其实很好理解,领导同意,是因为他不想因小失大,区区29美元,若能用这个成本留住一个很有潜力的优质客户,他为什么要冒失去更多订单的风险呢?至于客户,虽然这个失误跟你脱不了关系,但客户也不是一点责任都没有,当初报价的时候,他并没有仔细看产品介绍,也没有详细了解两款控制器的区别。再说了,你都这么诚恳了,他再执意追责,有点过于小家子气。你态度越好,客户反而越不好意思深究。"此时,T才终于明白。

业务员架起了领导与客户之间沟通的桥梁，虽然是"传声筒"，但也不只是传个话那么简单。

当客户的诉求领导不予答应时，业务员要综合考量，争取提出一个双方都能接受的折中方案，注意，这个方案应该由业务员提出。

业务员不能在遇到问题时直接把问题转述给领导，虽然领导是最后作决定的人，但领导并没有帮所有业务员解决问题的义务。没有领导喜欢听业务员问"怎么办"，自己的客户遇到问题，当然要自己想办法帮对方解决。

总而言之，遇到问题，业务员要承担起提供解决方法给领导参考的责任，而领导只负责决定这个方法能不能最终实行。想要让领导听取你的建议，首先得让领导看到这个建议能给公司带来多大的利益，否则，一切都是空谈。

3.2.4　如何巧妙地引导客户下单

巧妙地引导客户下单，是业务员必备的技能之一，具体应该怎么操作，我们从一个简单的案例说起。

在本书2.3.2小节中，我讲过一个因为客户的测试失误，错把我们的正品样品当作仿品的事情，因为我的及时处理，样品事件有惊无险，后来，客户通过我，接连下了好几个订单。那么，确认样品后，我是如何引导客户下单的呢？接下来，我详细讲解一下。

妥善处理样品事件后，我在售后服务邮件中写道："Our National Holiday is over, and I'm waiting for your bulk order's final confirmation.（我们的国庆假期结束了，我在等待你的大货订单的最终确认。）"邮件

发出没多久，客户回复："I'll get back to you when we're ready to order.（当我决定下单的时候，我会联系你。）"

看到这种回复，我相信有一部分业务员真的会乖乖地等着客户再次主动联系，还有一部分业务员则会隔三岔五地问客户："When your order will be placed?（你什么时候下单？）"或者时不时去"打扰"对方，体现存在感："How are you?（你好吗？）""How is everything going?（一切顺利吗？）""What's your decision about the bulk order?（你对大货订单的决定是什么？）"……与此不同，我的做法是在一周后给客户发了一封邮件，主题是"降价及告知客户交货周期"，邮件中写道，因为此款产品目前比较热销，正在大量生产中，所以之前与他沟通的订单价格可以再适当优惠一点儿，毕竟这是我们的第一次合作。

其实，这是策略，目的就是探询客户的下一步计划，然后想尽一切办法引导其下单。收到这封邮件后，客户很快回复："That's good news. Thanks for the update. We are not quite ready to place order, as we are still calculating exactly how many we need.（那真是一个好消息。感谢更新价格。我们还没准备好下单，因为我们仍在计算具体需要多少。）"

虽然没有达到预期效果，但让我惊喜的是，客户此时对另外一款产品产生了兴趣，并要求报价。报价后，我趁热打铁，当即起草了信保订单，并把付款链接发给他。随后，客户问运费能不能便宜一点，我象征性地降了几美元之后，他就果断付了款。

因为第二单中的产品和第一单中的产品使用的是同一种芯片，只是款式不同，所以，我在发PI（形式发票）给客户的同时，补充说明道:"Don't worry. All your future orders will keep the same real chip without any change.（不要担心，你以后所有订单中的同类产品都会使用相同的正品芯片，不会有任何改变。）"就这样，第二单顺利成交，几天后便发了货。

待客户收到货之后，我再次邮件跟进，告诉客户物流显示他已签收，我期待他的反馈。然而，我得到的客户回复却是："产品已收到，但是有一个不良品。"虽然客户在邮件中说不补发，但是我们真的不给予补发吗？不！有时候，业务员需要给公司提供一些来自客户的真实反馈，更要让负责相关环节的同事知道自己的失误并吸取教训，避免同样的事情再次发生。

因此，我给客户的回复是："For the faulty LED, I will send you one new meter together with your next order, although you said there was no need to send you a replacement. We need to take responsibility for bad products sent out.（关于不良品，我会和后续订单一起补一个新的给你，虽然你说不需要更换。我们需要对发出去的不良品承担责任。）"

我之所以这样说，一是想为下一次跟进创造一个由头，二是想让客户通过此事看到我的态度，提升他对我及我所属公司的好感度。

没想到，此举很快给我带来了新的惊喜，看过邮件后，客户居然给我发来了一个产品链接，链接中是我们最大的竞争对手的一款产品，而且客户已经在他们那里拿过样品了。客户问这款产品我所属的公司能不能做，我说："可以做，但是要收开模费150美元，不知道你能否接受？"客户很爽快地回复道："Molding fee is OK!（开模费没问题！）"

客户在拿过我们的竞争对手的样品之后，还愿意额外支付150美元开模费下单给我，确实让人始料未及，这正说明了我前期的种种做法和沟通方式很令客户满意。

就这样，通过一步步引导，原本只想让客户尽快下第一张订单的我，意外地收获了两张额外的订单！

我认为，引导客户下单的核心是了解客户的内在需求，只有知道客户需要什么，我们才能给他正确的反馈。所谓的引导，其实是服务，让客户一点点说出他的真实需求，并在正确的时间以客户的真实想法为导向，通过进一步的跟进给他提出更加合理的建议，才能最终达到成单的目的。

3.2.5 什么样的"逼单"方式不会引起客户的反感

刚做外贸工作的时候，有一个问题一直困扰着我。好不容易跟客户把所有订单细节都谈好了，地址、联系方式都有了，PI（形式发票）也发了，但是客户就是拖延时间、不肯付款，直接问原因，对方什么也不说，搞得我像热锅上的蚂蚁一样，无计可施。我相信这是一个普遍存在的问题，绝非个例。

大家都知道，这时候，急是没用的，直接催客户也不妥，很容易引起对方的反感，万一对方是一个脾气不好的人，直接将你拉黑、删除也不是不可能。那么，难道就真的没办法了吗？

不久前，我的一个老客户要求我对某产品进行报价，但是PI（形式发票）发出后，我没收到反馈。第二天，还是没消息。在我们以前的沟通中，不管订单是否确认，客户都会给反馈的，所以，到了第三天，我跟进了一封邮件："Could I arrange the order in advance today? （我今天能提前安排订单吗？）"对此，客户给出的回复是："How soon will it take if you arrange a sample?（如果做样品的话，最快需要多久？）"虽然这款产品是定制款，但也是客户过去经常下单的，只不过丝印偶有变动。有可能是因为客户公司最近换了负责采购的人，担心会出现什么问题，所以要求先做样品。

但是，若按新要求做样品，正式订单的交期就会随之后延。最近，疫情导致原材料价格大幅度上涨，正式订单下单时，产品会不会涨价难以预料，为了避免夜长梦多，我在回复客户的邮件中对两种情况进行了详细说明。

Hi, Paul,

Thanks for your fast response.

I confirmed that we have PCB materials in stock, but it's WHITE PCB, not BLACK, and the silkscreen is "2001"（客户要求的是2101）. I'm not sure if it's OK for you. If it's OK, the waterproof sample production for IP68 time is 5~7days. Otherwise, the production time for customized items will be as long as around 15~20days. After the sample is confirmed, another 30days are also needed for bulk order. I think it's better to arrange the PCB materials in advance for bulk order.

Actually the current price is the one I applied for after bargaining with my boss, as the price of raw materials has been rising recently. If the order cannot be confirmed as soon as possible, there is no guarantee that the current price will remain valid for a long time. Anyway, please let me know your final decision. Thanks!

Kindest regards,

Elisa

翻译注释：

你好，保罗

感谢你这么快回复。

我确认了，我们有PCB材料的库存，但是是白板材料，而非黑板材料，丝印是"2001"。我不确定这些材料是否满足你的要求，如果可以的话，IP68防水产品的样品生产周期为5~7天；否则，特制产品的生产周期将会长达15~20天。样品确认后，还需要额外的30天来做大货。我觉得最好提前安排PCB板的大货生产。

事实上，现在的价格是我在与领导讨价还价之后申请下来的，因为原材料的价格近期一直在涨。如果订单不能尽早确认的话，我不能保证目前的价格能维持很久。无论如何，请让我知道你的最终决定。谢谢！

致以最诚挚的问候，

伊莉莎

很快，我收到了客户的回复。

Hi, Elisa,

Thanks for everything.

We are going to go ahead with the purchase.

I will arrange for 50% of the payment and will let you know as soon as this is done.

Kindest regards,

Paul

翻译注释：

你好，伊莉莎

感谢一切。

我们决定下单了。

我将安排支付50%的款项，付完款我就告诉你。

致以最诚挚的问候，

保罗

半小时后，我就收到了对方财务发来的付款水单。

我无法确定，如果没有我在第三天进行的跟进，客户付款会不会如此之快，但可以肯定的是，我的跟进邮件让他有了紧迫感。

一是生产周期，二是原材料价格上涨可能导致的成本增加，这些都是推动客户尽早作出决定的关键点。

不知道大家有没有碰到过"佛系客户"，就是业务员跟进一次，进度推进一点，业务员不跟进，事情就彻底停滞的那种客户。我经常遇到这样的情况。一个客户要求报价，收到报价之后就不再有回应，不对价格发表看法，也不说什么时候下单，就是不再回复，直到我再次跟进时,他才说:"Yes, I confirmed, please go ahead the order.(是的,我确认了,请安排订单。)"面对这样的客户,只能"逼单"。

当然,"逼单"的时候一定不能过于直白,那样会给客户一种压迫感。"逼单于无形"才不会引起客户的反感。所谓"逼单于无形",就是没有让客户感觉你是在催促他下单,而是在为他的利益着想,化解他的顾虑。

在我看来,业务员在成单过程中所做的所有事情,都应该是为了帮客户解决当下他担心的问题。客户担心的问题都解决了,订单自然水到渠成。

业务员要想让客户下单,首先要了解客户不下单的原因是什么,以客户的诉求为基石,给他提供一个更优的方案,并告知客户这样做能给他带来什么好处,他自然会作出正确的选择。

我认为,所谓"逼单",不是掐住客户的脖子问他要不要下单,而是通过一步步引导,让他完全自愿地选择你,这样,后续继续合作的可能性也更大。

3.2.6 跟客户讲道理时要注意方法

因为不同国家文化的差异,还有双方英语水平高低带来的影响,我们在与客户沟通的时候,时常因为对方无法明白自己的意思而焦灼万分,尤其是在表达能力欠佳或英语水平有限的情况下。

有时候,我们以为的"懂了",其实歪曲了客户的意思;或者我们认为客户已经明白了,实际上对方似懂非懂。一旦产生矛盾,双方往往各执一词，都觉得自己受了委屈。遇到这种情况，业务员该怎么办呢？怎么跟客户讲道理，才能既不影响双方的合作，又能让客户明白我们的意思呢？

我来讲一个发生在我身上的实例。

我有一个名叫 Michael 的德国客户，在看过他发来的第一封邮件后，我就确认，他的英语水平有限。

因此，在与他沟通的过程中，我尽可能用最简单的话来清楚地表达自己的意思。他在邮件中说："We have finished aluminium profiles with max 8mm place for LED stripes. The stripes must be max 8mm wide.（我们已经为灯带准备了最大宽度为8mm的铝槽，灯带的宽度必须最大8mm。）"但我们常规的灯带宽度为10mm或12mm，如果想制作宽度为8mm的灯带，需要开板定制，并收取100美元的开板费。

起初，我想帮客户节约时间，建议他用常规款灯带测试一下性能，然后再下大批量的订单。但是客户并没有采纳我的建议，还是一次次地强调8mm板宽，并要求我必须在PI（形式发票）中写明"8mm PCB width"，我只能按他的要求做了。

根据客户的要求，灯带要带套管，用于防水，这样一来，套管的厚度是2mm，灯带本身的宽度就必须≤6mm，否则加上套管后，将无法放于铝槽中。

我在邮件中跟客户说："As you said the max is 8mm for PCB width, so I think waterproof IP65（epoxy glue）is a better solution. While silicone waterproof & waterproof IP68 both need silicone tube outside, the total width is bound to be more than 8mm.（因为你说PCB板的最大宽度是

8mm，所以我想更好的解决方案是制作IP65滴胶防水款的产品，因为套管防水和IP68防水款的产品都需要外部有套管，总宽度一定会大于8mm。)"

但是，客户还是执意坚持灯带板宽为8mm，我在再三劝阻无果之后，只能按8mm板宽做货。

为避免后续可能出现的一系列纠纷，发货前，我再次给客户拍照确认，待对方确认产品没问题之后才发了货。

然而，不出所料，客户收到货后很愤怒地发消息给我："We have always stressed that the stripes are no wider than 8mm, because we have finished the profiles. Now the problem is that the stripes from you are wider than 10mm, Look at the pictures. What now?（我们一直强调灯带的宽度不能超过8mm，因为我们已经完成了铝槽。现在的问题是，从你那里得到的灯带的宽度超过了10mm，请看图片。现在该怎么办？)"

做货前不肯认真沟通，发货后出了问题就来找我兴师问罪，真是让人气愤！碰到脾气不好的业务员，有可能就直接与客户吵起来了。但是我知道，与客户争吵没有任何意义，关键是解决问题。

于是，我给客户回复了这样一封邮件。

Hi, Michael,

So sorry to hear this matter. To be honest, it's exactly what I'm always worrying about.

Perhaps there are some misunderstandings between us. Kindly find our e-mails in the attachment.

a.The width of PCB is really 8mm, but if it's waterproof with silicon tube, the total width will be more than 10mm. That's why I suggested epoxy glue to you instead.

b.I remember that you told me many times: 8mm width PCB& silicone tube, the two factors are the most important requirements we must meet, so we finally produced the LED stripes as per your requirements.

Now, the problem that I'm worrying about appeared. I provide you with a solution: Get rid of the silicon tube outside, and put only 8mm wide LED stripes inside of the profiles.

Because the profile outside is waterproof, I think non-waterproof LED stripe is not a big problem, and this is the best solution for now. We can send you 3M adhesive tape to fix the stripes for free charge as compensation.

In your future orders, two solutions as follows.

1.Make the width of PCB a little narrow if silicon tube is necessary. Perhaps 5mm or 6mm is better.

2.Keep 8mm PCB width, but use waterproof epoxy glue instead of the waterproof silicon tube.

This occured simply because of communication problems. I believe we'll do better in our future cooperation. Kindly let me know what you think of my solution. Hope it can be solved perfectly soon.

Best regards,

Elisa

翻译注释:

你好,迈克尔

很抱歉听到这个消息。说实话,这也正是我一直在担心的事情。

或许我们之间存在着一些误解。请查收随附的我们的来往邮件。

a.PCB板的宽度确实是8mm,但是如果做套管防水的话,总宽度将大于10mm,这也是我建议改用滴胶防水的产品的原因。

b.我记得你跟我说过很多次,8mm板宽和套管防水,这两个要求是我们必须要满足的最重要的订单要求,所以我们最终按你的要求做了灯带。

现在,我一直担心的问题发生了。我提供给你的解决方案是:自行去掉套管,把8mm宽的灯带直接放进铝槽内。

因为外部铝槽是防水的,所以我觉得灯带不防水不是很严重的问题,这是目前最好的解决办法。作为补偿,我们会免费寄给你3M背胶对灯带进行固定。(注:"3M背胶"为品牌双面背胶,多用于贴在LED灯带上辅助安装)

在你以后的订单中,我有两点建议。

1.如果一定要用套管的话,把PCB板的宽度做窄一点,最好是5mm或6mm。

2.仍然保持8mm的板宽,但是用滴胶防水款产品代替套管防水款产品。

这个问题的发生仅仅是因为沟通问题,我相信在未来的合作中,我们都会做得更好。请让我知道你关于我提出的解决方案的看法,希望问题能很快得到圆满解决。

致以最诚挚的问候,

伊莉莎

在这封邮件中,我不只是摆事实、讲道理,还提供了解决方案,以及对以后的订单的改进建议。不过,客户在回复的邮件中无视了我的解释和说明,要求我们免费重发所有产品,并威胁我,说如果我不答应,他们就找别的供应商合作。因为这件事情的问题不在我们,于是,我当然不能妥协,但完全无视客户的愤怒只能带来终止合作的结果,于是,我在再次回复客户的邮件中说:"If you place the new order with others, you will have to pay the molding fee without any discount. It's really not good for your current situation. I think both of us are responsible for this matter. We have to take the responsibility together, not just us. However, in order to continue our cooperation in the future, we'll also make appropriate compromises. There will be more discount for your new order, but free charge is not acceptable.(如果你下单给其他供应商的话,你将不得不重新支付模具费,并且没有任何折扣,这对于你目前的境况来说,真的没有什么好处。我想,咱们双方对这个问题的出现都负有责任,咱们必须共同承担,而不仅仅是由我们来承担。为了以后能继续合作,我们会适当地做出一些让步。新订单会有更多折扣,但是全部免费是无法接受的。)"最终,客户虽然没采纳我的建议,但态度有所缓和。

我不知道客户最后是怎么处理这批货的,但是他没有再要求赔偿,而且表示,如果这次产品的质量没问题,下次他会再通过我订购板宽5mm的灯带。

如今，我再回头看整件事情，认为说问题完全出在客户身上也是不对的。或许，客户真的是受困于英语水平有限，并未完全理解我安排做货之前在邮件中表达的意思。而我在明知有问题的情况下，还执意按客户的要求来做货，本身也不可取。

倘若无法在邮件中用英语让客户理解我的意思，还可以通过真实的图片展示，或者想办法将英语翻译成德语与之进行交流，原本，我有很多种可以与客户沟通清楚的办法，却一个都没有尝试，问题出现后简单地把责任归咎到客户头上，就是我的失职！虽然最后我通过展示一系列有力的证据，达到了让自己满意的结果，但终究给客户造成了一定的损失。做生意，不是谁有理就听谁的，客户毕竟是我们的"衣食父母"，只有最大程度地满足对方的需求，才能保持长久的合作，不是吗？

无论如何，在与客户沟通的过程中，业务员要注意不能带有急躁情绪，甚至直接与客户争吵，这种做法既是没有素质的表现，又解决不了任何问题，还可能激化矛盾。就算真的是客户的错，也不要直接说"It's your fault.（这是你的错。）"，最好用"I think you may forget...（我想你可能忘了……）""Perhaps you are too busy to remember you said...（或许你太忙了，所以不记得你说过……）""I feel so sorry for this. Perhaps there is a misunderstanding between us...（我对此感到很抱歉，或许我们之间存在什么误解……）"来代替，如果客户明显很生气，也可以告诉客户："Please calm down. I think the most important thing is to solve the problem perfectly, right?（请冷静一点。

我想现在最重要的应该是完美地解决问题,对吗?)"

总之,在与客户的沟通中,业务员的攻击性不要那么强,可以展示证据,但是话要委婉地说,讲道理时必须以事实为依据,如此这般,我相信多数客户还是很好沟通的。

3.2.7 英语不好不是硬伤

"英语不好的人,到底能不能做好外贸工作?"这是困扰很多外贸从业者的另一个世纪难题。

每当我与朋友聊到工作,谈起在外贸工作中遇到的那些趣事,空气中总会弥漫着一种羡慕的气氛。

在很多行外人看来,能够与外国人做生意的人都很厉害,最起码,英语水平肯定很高。事实上,只有真正的外贸从业者才知道,英语水平高的人未必能做好外贸工作,而英语水平有限的人也未必做不好外贸工作。

我有一个前同事,当时,我俩同在一家做手表业务的外贸公司上班。因为自考的经历,领导看到了我性格中的坚韧,认为我有隐藏实力,于是破格录用;而她呢,英语专业毕业,四六级已过,据说距通过英语专业八级考试就差两分,顺利通过所有入职考核。两相对比,我俩之间的差距不可谓不大。

第一次有客户向她提出要来公司面谈时,刚刚大学毕业的她表现得很慌张,我们就职的是规模较小的贸易公司,没有附属工厂,她不知道客户来了该如何应对,问我怎么办。我说,先告诉客户公司地址,问是否需要我们去接他;然后准备一下产品目录和样品,等客户来了直接跟他谈合作；最后记得让领导跟合作工厂打一个招呼，以防客户要求验厂。

她说这是她第一次接待客户，怕应付不来，于是我们俩商量好一起接待。客户来了之后，我用蹩脚的英语，连说带比画地把他们请上了楼，在办公室里展示了我们的样品，时不时还会开一开玩笑，夸一夸客户的颜值（一对身高2米的美国兄弟），她则在一旁记录我与客户谈论的细节，偶尔补充一些问题。

临别时，我们与客户握了手，还合了影。待客户走后，她说，原来接待客户也没有想象中那么难！我说："事实本就如此！面对客户，业务员一定要自信，把自己该做的事情做好，该准备的资料准备齐全，就足够了。如果连我这个英语水平有限的人都可以接待好客户，你这位英语专业的高材生就更不用说了，有什么可怕的呢？"后来，这个客户成了给她稳定下单的客户之一。

我讲这个例子，是想告诉那些因为英语水平有限而怀疑自己是否适合从事外贸工作的外贸从业者，英语好与不好，不是决定业绩好坏的关键，客户并非都以英语为母语，更何况如今还有图片、视频等众多辅助表达的方式，各种翻译平台、软件等辅助翻译的工具。面对客户的时候，业务员千万不要因为自身某一方面不够优秀就怀疑自己，没有人愿意跟缺乏自信的人做生意。

有人可能会说："我自己都没有底气，哪来的自信去面对客户呢？"之所以有这样的想法，是因为你还不够了解自己。每个人身上都有闪光点，我们要知道自己最擅长的是什么，扬长避短，才能把自信的因子充分调动起来。

比如，我的英语口语不好，但是我的写作能力强，所以我尽量少打电话，多通过邮件或即时聊天工具与客户沟通。说实话，每当客户打电话来的时候，都是我最没有自信的时候，口语太差，让我只能磕磕巴巴地表达自己的想法。而且，不止一个见过面或通过话的客户直言不讳地对我说："Elisa, your writing is much better than your speaking.（伊莉莎，你的英语写的比你说的好多了。）"

但是，那又怎样呢？这并不会影响我跟客户之间的合作！而且，我也并没有因为英语口语不好而不敢开口与客户交流，结束商务会面之后，我经常愿意带客户到处逛逛，甚至与客户天南地北地高谈阔论，偶尔说到激动的地方，还会不自觉地用动作辅助表达，或者给客户"普及"中文，客户经常似懂非懂，但特别感兴趣地看着我，这种互动也别有一番乐趣。

英语水平高的业务员，确实会在与外国客户的沟通中占据优势，但这种优势只是锦上添花而已，并不代表英语水平有限就无法与客户沟通。在我看来，在外贸工作中，起决定作用的从来不是业务员的英语水平，而是一个人的思维方式、魄力、胆识，以及人格魅力。

3.3 面对不同客户的沟通之法

工作时间长了，业务员会遇到各种各样性格的客户，因为缺乏经验,有一部分新手业务员会误认为所有客户都喜欢低姿态的合作者,在客户面前经常谦卑附和、唯唯诺诺,殊不知有时候越是这样,越得不到客户的好感和信任,甚至会让对方觉得这个业务员没能力、不专业,从而丧失合作的机会。

面对千差万别的客户,如果业务员采取同一种应对策略,难免过于机械化,不够灵活,且缺乏温度。昨天遇到的那个客户比较健谈,今天联系的这个客户比较自负,倘若在健谈的客户面前寡言少语,跟自负的客户沟通时高谈阔论,势必会引起对方的不适,让接下来的商务谈判变得困难重重。

因此,面对不同性格的客户,如何采取相应的沟通之法,是本节将要重点讲述的内容。

3.3.1 粗心大意的客户

粗心大意的人,经常会给自己制造很多不必要的麻烦。比如,作为一个业务员,经常把客户的订单需求记错,把方形的产品做成圆形的产品,把防水的产品做成不防水的产品,肯定会给公司和客户造成不小的损失,轻则需要重新生产,延误交期;重则造成产品积压,甚至大量报废。

那么,如果粗心大意的不是业务员,而是客户呢?业务员应该怎么帮客户减少或杜绝因粗心大意产生的问题?

我有一个从2017年开始合作的老客户,在我们初次合作的时候,对方就因为粗心大意,下错了订单,要求把本该做成60mm的点光源做成了45mm的点光源。在生产已经接近尾声,我发生产图片给客户同步进度信息时，客户突然问我，产品是60mm的还是45mm的？我说按订单要求，当然是45mm的。没想到，客户立刻大呼错了。但这时，更改订单要求已经来不及了，好在两款点光源打孔的直径相同，外壳形状也一样，只在外壳的大小和灯珠数量上有细微的差别，最后勉强能使用，才没有造成严重的后果。

但没过多久，客户居然再次粗心犯错——把款项付错了，完全没有按PI（形式发票）上的银行账户打款。还好金额不大，退款造成的手续费损失在客户承受的范围内，没给双方带来严重损失。

后来我才知道，这个客户的家庭负担重，难免分心，因此会有很多事情考虑不周，甚至粗心犯错。在之后与他的合作中，为防止此类事情再次发生，每次确认订单信息的时候，我都异常小心，并不厌其烦地在邮件正文中提醒客户："此次付款账户是××，付款前请务必仔细检查！"

对于此类粗心大意的客户，业务员要像父母对待孩子一样，给予足够的耐心，且不怕唠叨，经常提醒，防止犯错。

另外，还有一点需要强调，就算是面对长期合作的客户，在接到新订单时，业务员也不能想当然地认为一切产品要求同上，若客户在订单中对某款产品的要求有所遗漏，业务员有必要及时指出并确认具体情况，以免出现做错货的现象。比如，客户要的产品是45mm的点光源，但并未提及需要什么类型的外壳，在常规外壳分为螺旋形和竖形两种款型的情况下，业务员可以主动跟客户确认："你之前的订单要的都是螺旋形外壳的产品，这次还是要螺旋形外壳的产品，是吗？"

总之，对待粗心大意的客户，业务员一定要更加细心，多替客户考虑，宁可多说一点、多问一点，也不要在问题出现后追悔莫及。

3.3.2 自以为是的客户

要问哪类客户最令业务员反感，这类自以为是的"专家们"一定名列前茅，因为他们真的会把自己当成专家，不肯听取旁人的建议，总是一副高高在上的样子，好像别人都是他的学徒，只有他最优秀。

在生活中，我们可能都有过这样的经历，越是面对在我们面前谦卑、畏缩的人，我们往往越容易不自觉地对他颐指气使，客户也会有这种心态。

那么，当自以为是的客户错把我们谦卑的态度当作他好为人师的理由时，我们该如何应对呢？对待客户，我们不能贸然结束沟通关系，毕竟双方还要继续合作。可是保持沟通，心里的怨气不断积压，会影响自己心情，有没有更好的处理方法？

根据我以往的经验，以下三种方法或许能帮到你。

1. 不要继续低姿态，勇敢展示专业和自信

做生意，讲究互利共赢，所以业务员与客户之间的关系要以平等为基础，业务员一定不能因为对方是客户，就对他极尽忍让和妥协，更不能在明知有问题的情况下还同意对方的要求，否则，受损的只能是自己和公司的利益。

比如，当业务员对客户说"Please fill in our distributor form so that we can know you more...（请填一下我们的经销商表格，以便我们能更多地了解你……）"时，客户回答："There is no need to fill up the form.

Just look at my website.（不用填表，看我的网站就行了。）"业务员应该做出的回应不是"好的"，而是要进一步告诉客户："填表是为了以后更具针对性地提供服务，如果您有什么不方便的地方，我可以梳理相关问题，一项一项地与您核对。对于表中的内容，您也可以提出一些批评建议，我们一定虚心接受。"无论何时，切记解决问题才是我们的最终目的。

总之，业务员要学会以柔克刚。不卑不亢地进行业务沟通，既能够展示业务员的耐心和专业，又可以给足客户面子，让他无话可说。

2. 当客户的某句话让你感觉委屈时，要大胆说出来

很多业务员在刚刚入行时都遇到过这样的事情——因为年轻、经验有限，被客户嫌弃能力不足，在没有做错任何事情的情况下，客户依然各种不满，并强烈要求由业务经理或公司领导来直接对接他的业务。

遇到类似的事情时，业务员可以这样对客户说："我知道我只是一名普通的业务员，但请您不要因为我的身份而对我失去信心。每个人都有自己的工作职责，我的职责是认真对待并服务好我的每一位客户，这其中当然包括您。如果我做错了什么事情，或哪里做得不到位，您可以提出来，我一定会认真听取您的建议并改正。但我不得不说的是，您现在这样的态度让我很难过，因为我并没有做错什么，不是吗？"

面对客户，业务员当然要懂得包容和忍耐，但这不代表客户可以随便安排、调整业务员的工作。适当地表达自己的不满，于客户而言是坦诚，有利于双方的沟通与磨合；于自己而言是宣泄，负能量堆积过多，对自己有百害而无一利。

我有一个关系很好的美国客户，我称他为"美国老爷爷"。我们有过一次关于客户与业务员关系的谈话，在那次谈话中，我说："其实客户是需要引导的，很多人说自己的客户脾气不好、难以沟通，但一个巴掌拍不响，业务员也应该在自己身上找找原因。""美国老爷爷"说："确实是这样的，有些人的脾气很大，以为自己是客户就很了不起，对业务员很没有礼貌。这时候，业务员越忍，他越变本加厉，最后沟通不下去了，业务员的无底线退让也是要负一定责任的。"

忍字头上一把刀，不是在超越自身极限的时候猛然爆发，给别人一刀；就是憋出内伤，忍无可忍，给自己一刀。所以，不要积压不良情绪，合理地释放是值得鼓励的。

3. 高情商地反驳，优于无厘头地争吵

在本书中，我反复提到，如何解决问题才是业务员需要首先考虑的，一切不以解决问题为目的的争吵，都是在浪费时间，就算真的吵赢了客户，自己痛快了，客户丢了，有意义吗？

比如，当客户用不屑的语气对业务员说"I think you still get a lot to learn.（我觉得你还有很多东西要学。）"的时候，业务员应该回答的不是"是的，我知道"，而是"是的，我一直在学习中。事实上，每个人都需要不断学习，才能不被这个飞速发展的社会淘汰，如果你不嫌弃的话，我希望我们能一起成长"。我相信，当业务员说出这番话的时候，再自以为是的客户，内心也会有所触动，久而久之，态度会悄然改变。

很多业务员在面对客户的时候会表现得很谦虚，因为我们从小受

到的教育就是谦虚使人进步，骄傲使人落后，不过，实际沟通工作中，这句话未必适用。

业务员的谦虚，在客户眼里，或许就是底气不足的表现，尤其是在客户对业务员的认知存在偏差的时候，谦虚的态度只会加深客户的不信任感。

客户与业务员之间的信任和默契是一点一滴积累起来的，只要业务员坚持言行一致、诚信、专业、事事考虑客户的利益、尽心尽力地帮客户解决一个又一个难题，随着时间的推移，客户对业务员的信任必然有增无减。这时，就算业务员偶尔出现一点儿小小的失误，也会因为日积月累的信任，轻易地得到客户的谅解。

在与客户打交道的过程中，业务员不妨通过充分的准备，让自己自信一点，底气足一点，无论客户是何种身份、处于什么地位，一定要平视他，用专业和认真弥补身份上的不对等，只有这样，才能高效地推进合作。

当然，对于那种自负的客户，我们也要兼顾他的情绪，可以偶尔用夸赞满足一下他的虚荣心。总之，对于客户的需求，我们不能机械地"Here you are.（给你。）"，换成"In my opinion, I think this one is better for you.（在我来看，我觉得这个对你来说更好。）"可能会收获意外的惊喜。

3.3.3 脾气暴躁的客户

很多业务员都认为，遇到脾气暴躁的客户很可怕，他们稍有不满就对业务员恶语相向，完全不在意业务员的自尊心，与他们沟通，很难保持好心情。面对这种客户，部分业务员会束手无策，被客户当成好捏的"软柿子"；还有部分业务员，干脆与客户硬碰硬，结果给自己惹了一肚子火不说，生意也谈崩了。

事实上，没有人会无缘无故地发脾气，尤其是做生意的人，谁都希望和气生财。所以，客户发脾气，一定是因为业务员有什么事情做得触犯了他的底线，此时，针锋相对只会让事情越来越糟糕，与其如此，不如客气地对客户说一句："Please calm down! I know you are angry, but I think the most important thing for now is to solve the problem.（请冷静一点！我知道你很生气，但是我觉得现在最重要的事情是解决问题。）"然后找到客户生气的根源，用他能接受的方式尽快解决问题，这才是关键。

我之前有一个同事，简称K，曾遇到一起客诉。当时，客户没有在打样前说清楚具体的产品要求，K按常规产品做了PI（形式发票），客户没仔细检查就付了款，结果收到样品后大发雷霆，说和自己的要求不符，愤怒地指责了K，言语中甚至带有侮辱性词汇。

K受不了客户的无端指责，尤其受不了对方的侮辱性言语，于是，满心愤怒的他开始毫不客气地反驳："是你自己没有说清楚，而且也没有仔细检查PI（形式发票），凭什么指责我？"结果可想而知，客户以业务员不专业为理由，投诉后斩钉截铁地说："I will never do business with you again.（我不会再跟你做生意了。）"原本可以有其他更好的解决方式，偏偏选择了以暴制暴的方式，彻底失去了一个客户。

既然事情已经发生了，发脾气解决不了任何问题。如果事情发生在我身上，我会先诚恳地向客户道歉，然后恳请客户再给我一次机会,并按客户的要求,免费寄一次样品,哪怕这次运费由个人承担也无所谓。等样品发出后,我再找机会跟客户聊一聊当初的问题,作一次全面的剖析,态度要友好,语气要和缓,不要急躁地将对方推到自己的对立面,最后,可以告诉客户:"第一次合作就出现这样的问题,我感到很抱歉,但我相信这类问题是最后一次出现,希望此次事件不会对我们今后的合作造成不良影响。"我相信,听到这番话,脾气再不好的客户,也没有发火的理由了!

面对客户的坏脾气,业务员心里再愤怒也最好不要表现出来,我们毕竟是服务于客户的,要做的不是跟客户讲对错,而是解决问题。问题解决了,再用希望避免未来出现同样问题的态度去沟通,客户更容易接受,甚至有时,客户还会主动为自己的不当言行道歉。客户道歉时,业务员若能半开玩笑半认真地表示:"Dear, no need apology, but I need more orders.(亲爱的,不需要道歉,我需要更多的订单。)"我相信客户大概率会会心一笑。这样做,既解决了问题,又能为接下来的长期合作打下基础,说不定还能让客户有一种"不打不相识"的奇妙之感呢!

3.3.4 严谨、不懂变通的客户

在业务员的实际工作中,也会遇到不少严谨、不懂变通的客户,这里,我以我曾合作的一个德国客户为例讲一个故事。对于德国人做事认真、严谨,我早就有所耳闻,但之前只是道听途说,直到2017年,我去德国参加了一次展会,才终于有机会亲眼见识了德国人的严谨,有时,甚至一板一眼到难以变通的程度。

Tilo是我的一个德国客户,也是为数不多的凡收到邮件,一定会给予回复的优质客户。我们的合作开始于2018年,当时,他需要一款定制产品。

因为制作定制产品需要收取开模费,且生产周期较长,所以我建议他用类似尺寸的常规产品作样品审核产品质量,无误后再制作开模样品。一是节约成本和时间,二是避免直接开模后发现有地方需要修改,带来麻烦。

Tilo接受了我的建议,经过审核产品质量、确认开模设计图、制作开模样品等一系列环节,最终,我们顺利且愉快地确定了大货订单。因为Tilo是中间商,需要时间去跟他的终端客户确认产品细节,我发了PI(形式发票)后很久他都没有付款,眼看国庆节将至,运费上涨,于是,我更改了PI(形式发票)中有关运费的内容,没想到,就在我做了改动,还没来得及与Tilo沟通此事时,Tilo付了款。款项到账没多久,我便收到了Tilo的质问邮件,他发现原报价运费是150美元,而他支付的运费是180美元,问我是怎么回事。

我在回复邮件中给出了解释。

Hi, Tilo,

If something made you unsatisfied or confused, I feel so sorry! The extra $30 is neither for the second sample nor for the the costs of LED strips. I sent you LED strips for free charge as a gift for the possibility doing of more business with you in the future.

You know now is a busy season for Chinese export. Our national holiday is coming, so the shipping cost is getting more and more expensive. Maybe $30 increase in price is not enough for your order. My purpose is to get it back to you in your next order if the actual freight is less than $180, but I won't charge you for the difference again if it's not enough.

During our cooperation these days, I'm sure you've learned a lot about me. I will keep my promise at all times. Don't worry!

Kindest regards,

Elisa

翻译注释：

你好，蒂洛，

如果有什么事情让你感到不满或困惑，我很抱歉！额外的30美元既不是用于第二次样品，也不是用于灯带。灯带是我作为礼物免费送给你的，希望以后能和你做更多的生意。

你知道，现在是出口旺季，我们的国庆节即将来临，所以运费越来越贵，有可能你的订单的运费上涨额度还不止30美元呢。我（更改金额）的目的是如果实际运费少于180美元，多出来的费用将在你的下一张订单中返还，如果180美元依然不够，我不会再让你补差价。

在我们合作的这些日子里，我相信你已经充分地了解了我。任何时候，我都会坚守承诺，不要担心！

致以最诚挚的问候，

伊莉莎

以我过往的经验,多数情况下,给出这样的回复之后,客户会表示理解且欣然接受,然而Tilo并不买账,而且言语间满是不高兴,回复了如下邮件。

Hello, Elisa,

I would like to point out that the amount of the shipping costs is an essential part of the concluded contract. I fulfill the contract by paying for the goods. You fulfill the contract by delivering on the agreed terms. It is also not permitted under the international commercial law that the conditions are changed without my consent. If your effort cannot be calculated at certain times, you have to announce this beforehand or take it into account when making an offer. In my case, it is necessary to charge higher costs afterwards.

Due to the finished payment I am forced to submit to the change. This business practice is dubious. I cannot afford such change in Germany.

Tilo

翻译注释:

你好,伊莉莎

我想指出的是,运费费用是已签订的合同的重要组成部分。我履行合同并为产品付款,你按照商定的条款发货。就算是查询国际商法,也找不到允许你在未经我同意的情况下更改合同条款的条款。如果在某些时候,你无法确定实际的价格,你必须事先与我沟通,或在提供报价时考虑到这一点。就我而言,遇到这种情况,事后有必要

（向我的终端客户）收取更高的费用。

由于已经付了款，我不得不接受更改。这种商业行为是可疑的。在德国，我是不会接受这样的变更的。

蒂洛

见我提出的方案客户不满意，而未经沟通修改PI（形式发票）确实是我的错误，我只能额外多发30美元的产品给他。多发产品意味着货物重量增加，原本运费就没收够，这样一来，我们付出的成本更多了，但我并没有生气，而是诚恳地跟他说："没关系，我为自己的错误买单了，希望能得到你的谅解。"

就这样，危机解除了，Tilo对我的处理方式很满意，他说会与我保持长期合作，还说我成功挽救了我们的合作关系。

面对这类不懂变通的客户，偶尔吃点小亏是难免的，但只要合作继续，吃点小亏也无妨。

再说回上文提到的2017年德国展会，在参展期间发生了一件事情，让我印象深刻。当时，与我们同行的还有另外一家中国公司的三名外贸业务员，在布展的时候，他们使用的是不防水电源，出于安全考虑，德国主办方强制要求他们必须换成防水电源，否则，展会期间，不给他们的展位通电。

在一个人生地不熟的地方，更换设备的成本太高，他们多次恳求，再三保证会采取足够的安全措施，不会让不防水电源裸露在外。然而，德国主办方始终不肯通融，没办法，最后，他们只能在当地中国导游的帮助下，付了高出原价三倍的价格买了防水电源。对于原则问题,寸步不让,这是我所接触的德国人给我留下的另一个印象。

那么,对于这样严谨、不懂变通的客户,业务员应该怎么做呢?

1. 说到做到,别食言

很多人说,做外贸工作的人都"很会说话"。这不一定是夸奖,因为如果说到做不到,是很影响个人信誉和公司形象的。曾经有一个巴西客户跟我说,他之前与另一家供应商合作过,对方的业务员在他付款之前一直跟他沟通良好,而且给予了很多承诺,价格优、质量优、服务优等,但在他付款之后立刻换了一副面孔,沟通滞后就算了,更过分的是,当他的货物在海关被查,不能顺利清关的时候,竟然联系不到那个业务员了,他不得不彻底中止与对方的合作。

由此可见,仅仅"很会说话"是不够的,说到做到才能与客户保持长久的合作。

2. 像客户一样"严谨"

做外贸工作,需要头脑灵活,适时地做一些变通,有时更有利于促进合作。然而,在与非常严谨、认真的客户沟通时,业务员一定要像客户一样,把握好每一个细节。

比如,遇到产品外观稍有瑕疵,不过不影响正常使用的情况时,跟客户好好解释一下,多给一些折扣,多数客户是会接受的。但是,如果事情发生在像前文中Tilo一样的客户身上,他们大概率会说:"我花钱是为了买好的产品,不是为了买次品,请你保证产品质量。"此时,业务员除了更用心,把握好产品制作过程中的每一个环节,提供足够优质的产品外,没有更好的办法。

3.3.5 逾期不付尾款的客户

实际工作中，我经常看到外贸小伙伴们因为客户逾期不付尾款的事情急得团团转。客户逾期不会尾款，短则拖欠数日，长则持续数周或数月，发邮件催了一次又一次，就是得不到客户的回应，这时，业务员难免胡思乱想："客户是不是不打算要货了？尾款再催不回来，会不会给公司带来损失？"

客户究竟为什么逾期不付尾款，靠猜是猜不出来的。在尾款收回之前，根据实际情况采取相应的措施才是最重要的。涉及催尾款的问题，无非是两种情况，一是尚未发货，二是货已发出。

尚未发货时，其实业务员不必太着急，该着急的应该是客户，毕竟货在谁手里，谁就拥有主动权。

对于这种情况，可以在以下三个时间节点进行催款。

首先，在大货做好前一周提醒客户尽早支付尾款，并附上几张产品正在生产中的图片，告诉客户预计发货的时间。

其次，如果没有收到客户的回应，可以在大货做好前两天，再次以邮件形式告知客户："In order to deliver the goods as planned, please finish the payment within two days if possible.（为了按原计划发货，如果可能的话，请在两日内完成付款。）"

最后，若客户仍未回应，就在大货做好后给客户发最终的货品打包图片，并告诉客户："Everything is ready, just waiting for your payment update. Please send me bank slip as soon as possible.（一切就绪，只等你的付款进度更新了。请尽快把银行水单发给我。）"

如果到了此时，依然没有收到来自客户的任何消息，不妨按照以下方式跟进。

第一步，在大货制作完成一周后，以次月运费会有变动为由，催客户尽快给予反馈。

第二步，通知客户此款产品目前比较畅销，其他客户需求量大增，并询问客户，若此单不急，能否先出货给其他客户应急，以此来试探客户对这批大货的需求是否有变化。

第三步，正式通知客户："因为尾款迟迟未付，领导很生气，决定以后所有订单的款项都必须在生产前100%结清，不再同意先支付预付款的付款方式。对此决定，我感到很抱歉，希望我们双方都能拿出合作的诚意，无论如何，我会尽力说服领导再给一次机会。"

这是我催尾款时所用的撒手锏。以我的经验，通常情况下，在第三步中的信息发完后，客户都会立刻支付尾款。

所以，在催款时，不要只是不痛不痒地问客户何时付款，一定要让他有一种紧迫感，很多人只有在自身利益即将或已经受到损害的时候，才会立即行动。

接下来，我们再来说说货已发出的情况，与尚未发货的情况相比，这种情况要棘手得多。

为避免被商业诈骗，在谈付款方式的时候，业务员就要做到防患于未然。电汇，100%发货前结清，这是目前公认的最安全的付款方式。在实际沟通中，业务员可以在预付款的付款比例上作出适当的让步，比如一般情况下，需要支付50%预付款，业务员可以根据实际情况，答应客户仅支付30%预付款，但是万不可轻易突破底线，比如先发货，再结尾款。

如果不得不使用别的付款方式，比如NET30/OA30（月结30天/账期30天）等，订单价格一定要高于使用发货前结清货款这一付款方式的订单价格，而且这些付款方式只针对合作多年的老客户，倘若有新客户提出这样的付款要求，千万不要为了成单而轻易妥协。业务员可以这样告诉客户："这是我们第一次合作，恐怕这种付款方式是行不通的。首先，我们需要时间进行彼此了解，建立信任；其次，选择这种付款方式是有门槛的，一般年订单量达到××额度，业务员才能代客户向公司提出申请，即使如此，很多情况下也是不被接受的。"总之，就是找一个看似充分的理由拒绝。

如果某次合作商定客户在供应商发货后，见提单副本付尾款，业务员切记，尾款到账前不能给客户发B/L（提单）原件，不管对方催得多狠，也要坚守底线，"绿色通道"万万开不得，否则受损失的很可能是自己。

另外，对于自己不了解的付款方式，不要轻易尝试；越是复杂的付款方式，越要当心。初次合作时，业务员要先通过各种渠道了解一下客户的基本信息，不要盲目让步。做事要冷静，不要因为急于求成，最后掉进别人设计好的圈套里。

3.3.6 常年询价不下单的客户

提到只询价不下单的客户，很多业务员都有诉不完的苦。我曾经在知乎上看到一个帖子，有一个义愤填膺的业务员说要把那些经常询价却从来不下单的客户统统删掉，因为自己为他们付出了时间，收获却为零，没有回报的事情做了也白做。

对于这种不够理智、以偏概全的做法，我是不予赞同的。

大家要明白，不是只有业务员的时间成本才是成本，客户的时间成本也是成本。在客户一次次询价却没有成单的时候，业务员应该做的不是删掉这个客户，而是分析他不下单的原因究竟是什么。

根据我的经验，这种经常询价但不下单的客户多数是贸易商，他们要在业务员报价的基础上加上利润再报给自己的客户，倘若业务员报的价格已属同行中上水平，那贸易商加利润之后的价格，自然是没有什么竞争力的。

很多人都知道，贸易商能谈成客户，靠的是信息不对称，在如今这个高度信息化的时代，信息的透明度大大降低了靠信息不对称谈成客户的可能性，贸易商想要谈成客户，就必须弱化客户对价格的关注，引导其把目光聚焦于价格以外的其他方面。因此，贸易商在报价给他的客户之前，肯定要对询价的这款产品多加了解，这就导致他在要求报价时会让业务员提供各种能提供的资料，比如无水印的图片、产品的详细参数、产品规格书、产品包装尺寸等。

一次两次，很多业务员还会积极配合，但是十次八次，甚至连续几年都没有任何成单记录的时候，有些业务员就会彻底失去耐心，甚至会觉得客户麻烦、讨厌。

这时，有些业务员可能会笃定地认为，这个客户就是来套价的。还有些业务员会悲观地认为，客户就算有订单也不会找我成交，让我报价就是为了货比三家，我不愿意给别人当"备胎"。

但是，他们所忽略的是，真正套价的客户，不会乐此不疲地认准一个人套价好几年；真正有订单的客户，也不会一直把一个态度好、服务好、价格也不错的供应商放在"备胎"的位置上，从来不给机会。

就用我自己来举例吧，我也曾帮客户询价过不少不在我所属公司供应产品范围内的产品，遇到过很多敷衍了事的业务员——报价时推三阻四，报价后从来不跟进。极个别的业务员会在报价之后的第二天问一下有没有订单，如果没有，就再也不会主动联系我。

在这种情况下，哪怕我后面仍对同类产品有需求，我也最多把他当成一个可询价的"备胎"，除非他家的产品独一无二到我非选择他不可。

事实上，每个业务员面对只询价不下单的客户，心里都会有一些不舒服。但是换一个角度想想，你不上心，别人也不上心，在大家都不上心的情况下，倘若有一个业务员数十年如一日地认真对待找他询价的每一个客户，他获得的会是什么呢？

每一张订单都是一次次报价和跟进的产物，订单的成交是一个水到渠成的过程，跟进客户需要长期的坚持和持续不断的沟通，想靠三天打鱼两天晒网的态度或偶尔爆棚的运气成单，未免过于异想天开。

第 4 章
跟进客户的方法和注意事项

跟进客户的方法有很多,每个业务员都有自己独特的技巧,但万变不离其宗,成交客户是最终目的,只要是能成交客户的跟进方法,都是好方法。然而,在跟进客户的过程中,因为成单心切,业务员难免会犯一些错误,面对生意场上的"尔虞我诈",外贸从业者需要注意的事情还有很多……

本章主要涉及的知识点

◎ 正确把握跟进客户的频率

◎ 了解常犯的三个"经验主义"错误

◎ 知道向客户妥协的底线在哪里

◎ 学会用"真心""用心""耐心"打动客户

◎ 客户能接受的三种跟进"套路"

注意

文中提及的案例均来源于作者的实际外贸工作,处理方式和所提建议难免具有一定的局限性,仅供参考,请勿照搬照抄!

4.1　不要不合时宜地联系客户

说到不合时宜地联系客户，或许有的业务员会说："我怎么知道什么时候联系他们合适呢？我又没有千里眼。"

不瞒大家说，刚开始做外贸工作的时候，我就在这方面受过挫。因为没有客户需要跟进，而自己急着想通过成单来证明自己，于是每天像无头苍蝇一样到处找客户，不断地写开发信。那时的我，根本没有考虑过自己与客户的时差问题，每天上午一上班就开始找客户，找到一批客户的联系方式后就开始群发邮件，也不管对方所处的地区正值深夜，还是凌晨。日复一日，我重复着同样的工作，非常努力，却收效甚微。好不容易找到客户的联系方式，结果给对方发了开发信之后，要么被退信，要么毫无回音，时间一长，难免怀疑自己到底适不适合做外贸工作，尤其是在看到别的小伙伴不停地成单、收款时，自己更像是热锅上的蚂蚁，坐立难安。

在我看来，这是每一个外贸新人都要经历的阶段，事情没少做，外贸沟通技巧也没少看，可就是没有工作成效。这是为什么呢？究其原因，其实是方法不对。无论做什么，都要讲究方式、方法，工作更是如此。

4.1.1　未被回复的邮件和即时消息

外贸小伙伴们，在你发完报价邮件或即时消息，迟迟得不到客户回复的时候，除了着急、忐忑，是否有认真反思过收不到回复的原因？通常，客户不予回复的原因有以下几种：或许他在货比三家，还未确定意向供应商；或许他是贸易商，在等待他的客户的答复；或许你报的产品价格远超他的预期，让他觉得没有继续沟通的必要；或许他本来就只是想了解一下产品的价格而已……还有一种可能，就是你发送邮件或消息的时间不对。如果是最后这种情况，根据客户所处地区与我们当地的时差设置"定时发送"，便可解决迟迟收不到回复的问题。

具体操作方法是这样的：每天早上打开邮箱、即时聊天工具后，先把每一封未读邮件、每一条未读消息都粗略地看一遍，对待处理的事情做到心中有数，然后根据客户所处地区与我们当地的时差和事情的轻重缓急，排列一个给予回复的先后顺序，再有针对性地一一回复。

这种方法不算有多高明，只是把杂乱无章的工作变得清晰有序而已。

曾经，一个工作日的上午，领导给我转发了一个询盘信息，并叮嘱道："尽快回复！"

我注意到，客户的 IP 地址显示他在美国，与我们有足足十二个小时的时差，于是，我不紧不慢地对询盘信息和对方公司进行了一番分析后，写了一封邮件，并设置了定时发送。

当天下午，快下班的时候，领导问我："上午给你的那个询盘信息，你怎么还没有回复？"

我说："已经写好回复了，设置了定时发送，客户一上班就能收到！"

领导赞许地点了点头。

做外贸工作这几年，我养成了一个习惯，即每次写完沟通邮件后,并不马上发送,而是根据客户所处地区与我们当地的时差,设置不同的发送时间。这样做的好处有以下两点。

第一,当待回复的邮件、消息太多,一时不知该从何下手的时候,这样做可以有效地提高工作效率,做到忙中有序。

第二,由于存在时差,我们与客户的工作时间经常是不对应的。设置与客户的工作时间相匹配的邮件发送时间,可以有效提高客户打开和回复邮件的概率。

那么,针对不同国家的客户,定时发送邮件的最佳时间分别是什么呢?此处附上我整理的时间表,希望能给大家提供一些帮助(时间表中给出的时间为北京时间),表中未提及的更多国家,大家可以根据时差,自行推演。

定时邮件发送时间表

15:00—17:00

阿联酋。

14:30—16:30

伊朗、科威特。

15:00—17:00

沙特阿拉伯、俄罗斯莫斯科附近地区。

17:00—19:00

以色列、土耳其、乌克兰、罗马尼亚、希腊、芬兰、南非、保加利亚、匈牙利、奥地利、瑞典、克罗地亚、捷克、德国、瑞士、荷兰、比利时、阿尔及利亚、尼日利亚、法国、西班牙等。

> 18:00 — 20:00
>
> 英国、爱尔兰、摩洛哥、葡萄牙、冰岛。
>
> 21:00 — 23:00
>
> 巴西、乌拉圭、阿根廷等南美国家和地区,以及加拿大东部圣约翰斯地区。
>
> 22:00 — 24:00
>
> 巴拉圭、智利、委内瑞拉、多米尼加、玻利维亚、波多黎各等南美国家。
>
> 23:00 — 次日 1:00
>
> 哥伦比亚、牙买加、秘鲁、古巴等国家,加拿大的渥太华地区附近,以及美国最东部地区,如波士顿、纽约等。
>
> 0:00 — 2:00
>
> 尼加拉瓜、危地马拉、墨西哥等国家,以及美国中部地区、加拿大的温尼伯地区。

当然,在客户的工作时间给客户发邮件、消息,也未必一定会收到客户的回复,只是提高了被客户回复的概率。

不管怎么样,哪怕只能将客户回复的概率提高1%,我们也要试一试。

总之,工作要讲究方式、方法,当经常重复做一件事情,却收效甚微的时候,不妨转变一下思路,想一想有没有更好的方法。

每个人拥有的时间都是一样的,但产出往往大相径庭,有的人用很短的时间出色地完成了工作任务,而有的人每天都在忙忙碌碌中浪费自己的时间，似乎永远在做无用功。

人与人之间最大的区别，在于思维方式不同。

4.1.2 联系客户切忌"用力过猛"

大家都知道，跟进客户不及时，很容易被竞争者捷足先登，但是，用力过猛同样很难得到好结果。

在我还是一个外贸新人的时候，收到任何一个询盘信息都如获至宝。当时，我不知道如何判断询盘信息的真伪，不会调查客户背景，更不清楚怎么回复才能引起客户的兴趣，只知道好不容易收到一个询盘信息，一定不能错过潜在客户。于是，我经常不间断地跟进客户需求，回复客户后，间隔几分钟没有再收到客户的消息，就感觉天塌了，甚至不停地想象子虚乌有的情节，并一封接着一封地发送邮件，频率可以以"小时"为单位，堪称"疯狂"。

在这种情况下，相当一部分客户根本不会再回复我，而有些暴脾气的客户甚至会直接发邮件制止我，"DON'T E-MAIL ME ANY MORE!（不要再给我发邮件了！）"这封全文只有一句话，且均为大写字母的邮件，让我至今印象深刻，而之所以会收到这封邮件，只因为当时我隔三岔五地发邮件给这个客户，问订单考虑得怎么样了。

后来想想，其实我可以理解这个客户，在生活中，如果我们碰到每天频繁打电话、发信息推销商品，不停地追问"考虑得怎么样""要不要买"的业务员，也会反感至极。

因此，虽然跟进客户不及时很容易丢失订单，但跟进频率高，也可能弄巧成拙，其中，最重要的是把握一个度。

当收到客户确切的询价信息，报完价之后却没有下文时，业务员不要表现得过于着急，最好先站在客户的角度思考一下，想想如果此时自己是客户，会希望知道些什么，然后把客户想知道的信息以合理的跟进频率，一点一点地说给客户听，以此作为不断跟进的手段和方式。对于跟进频率，我的建议是初期的间隔时长为2天，后续慢慢延长为3天、7天、15天、30天，业务员可根据实际情况自己把握，以既不断了联系，也不过分打扰客户为原则。

虽然有时，我们也会遇到"冲动下单"的客户，但大多数时候，订单的成交需要一个循序渐进的过程。我们与客户之间隔着冰冷的电脑屏幕，要想让对方放心地购买我们的产品，必须先帮助对方建立起对我们的信任。客户需要的一是了解，二是引导，与其把关注点放在客户究竟何时下单上，不如想想怎样做才能让客户更快地相信自己。

综上所述，业务员一定要记住，在还未给客户提供多少有价值的信息、还未获取客户的信任的时候，一味地追问"什么时候下单"，只会欲速则不达。

4.2 勿犯"经验主义"错误

每年毕业季，我都会听到应届毕业生抱怨，说很多公司喜欢招聘有经验的员工,殊不知,目前也有一些公司更喜欢招聘应届毕业生,因为在他们看来,刚刚毕业的大学生如同一张白纸,学习新事物的能力远超有了一定经验的资深员工。

这种情况,无形中增加了资深员工的危机感,因为一个人在工作中累积了一定经验之后,再提高的速度会越来越慢,甚至很多人会停滞不前。如果想要一如既往地持续提升,就必须不断跳出舒适圈,未必人人都有那个勇气。依靠经验做事,多数时候确实有事半功倍的效果,但凡事都有正反两面,经验也常常局限一个人的目光,使之对自己没经历过的事情有所排斥,而且,在熟悉的事情上,资深者难免偶尔犯一些"经验主义"错误,反而弄巧成拙。

在外贸工作中也是如此。积累了一定经验的外贸从业者,总是会不由自主地根据自己过往的经历判断一些正在发生的事情的走向,殊不知万事总会有"例外",而这个所谓的"例外",极易成为工作中的绊脚石。

低质量询盘,是让业务员深恶痛绝的存在——好不容易收到一个询盘信息,满心欢喜地给了回复,结果却石沉大海,更有甚者,反而因为积极地回复,被竞争对手骗走了大量产品详情,防不胜防。

低质量询盘固然可恨,有些看似有问题的询盘,却是很容易被忽视的宝藏。我在本节讲的这个例子有点特殊,例子中的询盘本来已经被我判定为低质量询盘,没想到在很多天之后,翻转成有效询盘。

当业务员在一家公司工作的时间长了,积累了一些客户资源之后,就算不去开发客户,也会有一些客户主动来联系。

记得有一次,我收到一个未建档客户发来的邮件,邮件中有这样

一句话 "I have an urgent order for your product, please send me your price list or catalogue. Thanks!（针对你们的产品，我有一张急单，请把你们的产品价格表或目录发给我。谢谢！）"乍一看，这一询盘信息似曾相识，是模板式询盘信息之一。会不会是同行来套价的？什么情况都没谈，就说自己有急单，除了一个私人邮箱地址，没有留下任何身份信息。

如果是刚开始做外贸工作，我一定会毫不犹豫地把产品价格表发过去，但是现在，经验告诉我，这是一条有问题的询盘信息！所以，我选择直接将邮件删除。然而，几天后，我又收到了一封邮件，来自同一个邮箱地址。这一次邮件中有了详细的自我介绍，并说："I just want to ask if you had a chance to look at my last e-mail yet. We are still looking for a suitable LED stripe.（我想问一下，你是否查看了我的上一封邮件。我们仍然在寻找合适的LED灯带。）"我仔细一看，对方居然是我在合作的一个客户的同事。顿时，我为几天前自以为准确的判断懊悔不已，赶忙遮掩道："Sorry for my late response, but I'm sorry to tell you that I haven't received your last e-mail.（抱歉，回复晚了，很遗憾地告诉你，我并没有收到你的上一封邮件。）"

这件事对我的触动很大，也让我知道了经验有时候真的会带来误导，如果这个客户没有再一次发邮件给我，我就错失了一张订单。

老虎都有打盹的时候，经验再丰富的业务员，也会有作出误判的可能，所以，不要太依赖过往的经验。身为一名专业的业务员，不能仅凭主观判断，忽略任何客户的询盘。哪怕是一个看起来真的很低质量的询盘信息，没准也会带来合作的机会。

总之，只要对低质量询盘的判断正确率没有达到百分之百，就总有"马失前蹄"的时候，而对每一条询盘信息都进行回复和初步沟通，会减少甚至杜绝误判的可能性。

4.3 妥协要适度

很多时候，想确定订单，业务员需要向客户作出一定让步，比如在付款方式上，公司要求电汇、全款（生产前结清），客户却要求使用信用证（银行根据进口人的请求，开给出口人一种保证承担支付货款责任的书面凭证），这时可以通过协商确定一个折中的方法，比如客户先付一部分预付款，剩下的发货前结清等。

买卖双方谈判的过程，其实也是一个相互了解和相互妥协的过程。但是，凡事都要有一个度，尤其是在生意场上，一旦暴露底线、亮出底牌，就很有可能会被客户抓住机会，提出更苛刻的条件、要求，所以，即使要作出妥协，业务员也一定要注意以下几点。

4.3.1 降价不要一步到位

遇到给客户报完价，对方表示报价太高的情况，业务员是不是只有降价一个选择呢？有的业务员会说，如果还有一定利润空间，价格降就降点儿吧，少获利，总比没有订单、不获利强。这种说法有一定的道理，但只怕达不到客户的心理价位，降了也白降。

在实际工作中，很多业务员为了省事，会直接向客户要他们的心理价位，我也曾坚信，只要客户能告诉我他的心理价位，且他的心理价位我能够满足，那成单一定十拿九稳。然而，现在看来，这种想法非常不专业。

如果供应商能够轻松地满足客户提出的低价，相当于从侧面印证了一个事实，即供应商卖的这款产品有问题，不是偷工减料、压缩成本，就是利润空间大得惊人，反而容易因此失去客户的信任。

生活中，很多人喜欢去可以讨价还价的商店买东西，有的人甚至可以把要价100元的东西，直接砍到50元，甚至更低。有经验的买家都知道，砍价时，看店家的态度，就能大致判断这个产品的实际可降价空间有多少。如果店家被砍价时的反应很强烈，并在一次小幅度降价之后，任买家怎么讨价还价都不松口，大概率是价格已经到了降价的底线，反之，则还有可商议的空间。想想看，如果一个商店，屡次让你达到大幅砍价的目的，你会不会对店家的定价标准和产品质量产生疑虑？对于供应商和客户来说，也是一样的道理。

所谓"谈判"，其实就是买卖双方把自己的要求告诉对方，然后通过协商，找到双方都能接受的折中的合作方式。

所以，并非只有买家可以提要求，卖家同样可以。

通常情况下，定价时，公司会给业务员一个底价，业务员给客户报价的时候，有很大的灵活性，只要不低于这个底价就可以了。

比如，公司给业务员的最低价是10美元，那么，业务员就可以根据客户的具体情况，如需求量大小，以及对价格的敏感度高低，作出适当的报价调整。

但是，业务员切记，在这个过程中，千万不能一开始就亮出10美元的底牌，否则，客户砍价的时候，业务员就没有降价的余地了，从而失去谈判的主动权。

很多刚入行的新手业务员，因为急着成单，会在一开始就给客户报最低价来表达合作的诚意，但大多数时候，客户不会满足于首次报价所得，会要求业务员给出一个更有合作诚意的价格，这时候，直接亮出底牌的新手业务员就无计可施了，很可能导致谈判失败。

以下几种降价方式，可供新手业务员们参考。

方式一：根据订单数量的不同，给出梯度报价；

方式二：在不知道客户具体的订单数量的情况下，只给一个区间价；

方式三：如果客户给出了具体的订单数量，对于同款产品，给更关注产品质量的客户报高价；给对价格比较敏感的客户报低价。在谈合作的过程中，每个客户都有自己的关注点，对质量要求高的客户，相对而言，在价格上没那么计较，他们更关心产品质量能不能达到自己的要求；而只重视价格的客户，一般会在质量方面适当地降低一些标准，因为客户也明白一分钱一分货的道理，价格低了，成本自然要随之降低。

注意，给自己留有空间，才能牢牢掌握谈判主动权。

4.3.2 不要在客户面前过于谦卑

在客户面前过于谦卑是新手业务员常犯的错误之一，究其原因，是业务不熟练、对产品没有把握、对自己没有信心导致的。

在我看来，刚刚入行时，新手业务员有这种心理很正常。我遇到过一位美国客户，在刚开始沟通的时候，他就给了我一个下马威，介绍说自己有25年在中国采购的经验，言外之意非常明显：休想糊弄我。

说实话，当时的我确实被他吓住了，内心咯噔一下，连声惊叹："哇，好厉害啊！"同时心里想，完了！我那些拙劣的沟通技巧，恐怕在他这里不管用了。

不得不说，客户的开门见山，让我在谈判之初就在心理上落了下风。

不过，很快，我转念一想，我们是在做生意，买卖双方是合作关系，谈得合适就谈，谈不合适就算了，我没有必要因为他经验足就心生畏惧啊！带着这种想法，我对他说："其实在做业务员之前，我也有好几年的采购经验，虽然不能跟你比，但也算是有共同话题啊！"四两拨千斤地化解了对方的"示威"。

后来，随着沟通的深入，我似乎明白了客户的小心思。

很多人都有一种心态，就是喜欢在有意无意中将自己很厉害的经历讲给别人听，除了想证明自己的能力之外，还希望得到对方的夸奖，甚至佩服，这是人之常情。

一般，业务员都是二十岁出头的年轻人，这个客户有25年的采购经验，应该是一位五十岁上下的中年人，不管在气势上、年龄上，还是在经验上、资历上，都远超业务员，这就为他之后的谈判建立了优势，使他能够掌握更多谈判主动权。寻根究底，这是他的沟通技巧之一。

除了用资历自抬身价之外,还有一种比较常见的情况,是客户用自己的职位、身份震慑业务员。因此,在沟通双方的身份看似不对等的情况下,业务员更不能过于谦卑,那样只会让某些本就盛气凌人的客户更加肆无忌惮。

在业务员报的价格不符合客户的预期的时候,有些客户会直接说:"让你们的经理来跟我谈!"言外之意是你只是一个小小的业务员,做不了主,跟你谈判是在浪费时间。

这时候,业务员最好不要谦卑地解释、道歉,而是应该不卑不亢地告诉客户:"这个价格已经是最优惠的了,就算经理来谈也是一样的。如果我有什么地方做得不到位,请告诉我,我会加以注意。但如果你是觉得我业务员的身份达不到你的要求,我很抱歉。我很尊重你,也希望得到同样的尊重,可以吗?"

我想,在业务员说出这番话之后,客户的态度一定会有所改观。

不卑不亢是一个成熟的业务员必须具备的心理素质,尤其是在对方比你资历深、经验足、职位高的情况下。别怕,拿出你"初生牛犊不怕虎"的气势,让他刮目相看吧!

4.3.3 不是自己的错,别轻易认

说到向客户认错,我给大家讲一个发生在我和一个新手业务员C身上的事情。

我帮一个新手业务员C处理过一起客诉,在那次合作中,客户下了一张订单,C认真地制作了清关发票并发邮件给客户确认,待对方

确认后才安排发货,但是客户收到货后很生气,原因是清关发票的金额过高,导致他支付了超出自己预算的关税。

收到客户的质问邮件,C立刻给予了回复,大致意思是"我做了清关发票,而且在发货前发邮件给你确认了,你看一下那封邮件,这个不是我的问题"。

客户回邮件的速度很快,言语中满是愤怒,根本未意识到他的错误,眼看就要挑起一场争吵。

C不知道该如何是好,很怕继续据理力争会彻底失去这个客户,于是问我应该怎么处理,要不要直接认个错、道个歉?我了解了事情的来龙去脉之后,代C给客户写了一封邮件。

Dear ××:

I feel so sad for the error, but please calm down!

I have to tell you that I had sent you the final invoice for custom clearance, but perhaps you were too busy to check it carefully. For our future cooperation, I'd like to help you find a better solution. Please let me know how much you paid for the customs. I will try my best to bargain with my boss to bear part of your loss, and it will be reduced from your next order.

What's your opinion please? Please offer better advice if possible.

Kindest regards,

××

翻译注释：

亲爱的××

对于这个错误，我感到很难过，但是请保持冷静！

我必须要告诉你的是，我发过最终的清关发票给你，可能因为你太忙了，并没有认真查看。为了我们未来的合作，我想帮你找到一个更好的解决方案。请告诉我你付了多少关税，我会尽最大努力找领导沟通一下，帮你承担部分损失，这个金额将在你的下一张订单中扣除。

请问你觉得怎么样？如果可能的话，请提供更好的建议。

致以最诚挚的问候，

××

客户很快回复了邮件，这一次，他不仅没有继续发出质问，还为自己刚才的态度道了一个歉，那句"Sorry, please forgive me!（对不起，请原谅我！）"让C大为震惊，他没想到，同样的意思，不同的表达，居然会带来两种截然相反的结果，更让他惊喜的是，客户并没有让我们承担部分关税。客户还是那个客户，这究竟是怎么回事？C期待我讲讲其中道理。

我解释道："这个错误本来就是客户造成的，业务员当然不能主动往自己身上揽，甚至去道歉。但是在与客户沟通的时候，还是得注意方式、方法，不能因为自己有理就得理不饶人，毕竟我们希望日后还能继续合作。坚持争论对错的结果有且只有一个，那就是客户更加生气，就算意识到了自己的错误也不会承认，甚至会因为与业务员沟通不快,从此不再合作。"

面对这类问题,业务员首先要做的一是安抚客户的情绪,二是给客户提供解决问题的建议,然后征求对方的意见,最终双方通过协商找到最佳的解决方案,扫除继续合作的障碍。

所以,面对由于客户的错误导致的问题,业务员既不能轻易认错,也最好不要据理力争,应该以解决问题、维持合作为目的,找到柔和一些的解决方案,不然,客户没了,订单也就没了,本来不是自己的错,结果由自己买单,这个损失未免太大了。

4.4 坚持"三心"原则

很多新手业务员在刚刚入行时,很喜欢听资深业务员讲"沟通技巧",比如如何通过简单的对话,让对方认为你真诚、值得信任。在我看来,无论业务员将沟通技巧掌握得多么熟练,真心或是假意,日久总能见人心。行业内,成单前与客户"称兄道弟",出现问题时就当"甩手掌柜"的业务员不是个例,殊不知这样的做法是客户最忌讳的,对客户而言,往往被欺骗一次,就不会再给合作机会。

在服务客户方面,我的心得是坚持"三心"原则,这是我的客户只要开始与我合作就极少流失的秘密武器。实践起来并不复杂,不需要过多的"套路"和"技巧",只需要业务员对客户做到真心、用心、耐心。

4.4.1 对待客户要真心

真心不是说出来的,而是做出来的。有些业务员说得天花乱坠,一遇到问题就不见了踪影,殊不知与客户建立信任很难,摧毁信任却很容易。

我有一位来自巴西的客户,刚开始合作的时候,因为知道巴西的清关比较难,时常会有退件或货物直接被销毁的事情发生,所以谈好价格之后,付款之前,我让客户先与当地的快递公司确认清关事宜,问明我们买卖双方在发货时需要准备什么资料才能确保顺利通关。

客户用了两天时间进行各方咨询及事项确认,确保清关万无一失之后,我才发PI(形式发票)给他,让他付款。发货后,我也常常跟进物流更新情况,生怕出什么意外。

虽然已经足够小心,但清关仍然用了将近一个月的时间,在此期间,我数次联系客户:"If there's anything I can do to help, please feel free to contact me.(如果有任何需要我帮助的地方,请随时与我联系。)"直到他顺利收到货。客户对我大加赞赏,并在几天后再次下单。

他跟我说,其实在我之前,他与另外一家供应商合作过,当时,对方在他付款前完全没有提过清关的事情,当货物清关遇到问题时,他试图联系供应商协助解决,却怎么也联系不上,最终货物只得被销毁。

趋利避害是人类的本能反应，遇到棘手的问题时后退或逃避是最轻松的选择，但业务员想服务好客户，就不得不去面对和解决合作过程中出现的所有问题。

虽然我们无法左右清关的结果，但可以努力地帮助客户提供各种资料，毕竟货是你发出的，你有责任和义务负责到底。

如果业务员只关注成单，不注重后续服务，很有可能会把生意做成"一锤子买卖"，合作无法长久。

这位巴西客户在连下两单之后，很长时间没有新项目需要购入更多产品，但是他会在我过生日时通过社交平台送上祝福，还时常发邮件告诉我："I will always remember you, and will contact you immediately if I have new projects. Please don't worry.（我会一直记得你，假如有新项目，会立刻联系你，请不要担心。）"

一件微不足道的小事，就能体现业务员的真心，而这些真心，有很大的概率会被客户记在心里。

作为业务员，大家都明白开发客户的不容易，那么对于我们千辛万苦得到的客户，为什么不好好珍惜呢？对待任何一个遇到问题的客户，业务员都要拿出绝对的真心，就算最终无力挽回损失，也要让客户看到你在为减少他的损失而拼尽全力。大家一定要记住，帮客户解决问题，永远是维系合作关系的最佳方式！

4.4.2 对待客户要用心

对待家人、朋友要用心，对待客户同样要用心。所谓用心，就是发自内心地为客户着想，认真地对待他的每一个要求、每一张订单。

接下来，我就借具体案例加以解释！

客户A想要一款产品的免费样品，因为目前他没有待发货的订单，且对样品的需求不着急，为了帮客户节约运费成本，业务员承诺，下次有他的订单需要发货时，把这款产品的样品一起发给他。

如果客户的订单第二天就来了，我相信多数业务员会记得自己承诺的样品，可是如果客户的订单过了一年半载才来呢？这时候，说不定连客户自己都忘记了自己曾经索要的那款样品。遇到这种情况，业务员怎么做才能体现自己对客户的用心呢？

在我的电脑里，有针对每一位合作客户制定的不同的PI（形式发票）模板，此外，我还把每一位客户的所有订单分别统一到了一个Excel表格里。对于答应邮寄免费样品（或其他产品），但有一定时间间隔的情况，我可以在答应对方后立刻打开对应的Excel表格进行备注，这样，即便客户很久不下单，在他下次下单时，我只要打开对应的表格，即可看到所做的备注。

好记性不如烂笔头，用几秒钟记录一下，就可以为以后省去一大堆麻烦事，何乐而不为呢？当你不管时隔多久，都记得曾答应客户的事情的时候，你的用心自然会被客户看在眼里，也记在心里。

当然，除此之外，业务员对客户的用心还体现在方方面面。我有一个客户，在刚刚怀了宝宝，升级为准妈妈的时候，很兴奋地将她的预产日期告诉了我。得知这一消息后，除了向其道喜之外，我默默地将日期记在了备忘录里，并在孩子出生前一个月给客户寄了一个"平安锁"当作礼物。客户收到礼物后，立刻拍照给我，并表达了谢意！

所以，在对的时间做一件举手之劳的小事，就会让客户心里暖暖的，礼物不必多贵重，心意才是无价的。

对客户用心，要体现在行动上，要想客户之所想、急客户之所急，要在把话说到对方心坎里的同时，用心做好每一件看似不起眼的小事。

4.4.3 对待客户要耐心

我相信，所有业务员都喜欢得到报价就下单、发了PI（形式发票）就付款的客户，但是这种爽快的客户毕竟是少数，多数情况下，订单的成交是无数次跟进后水到渠成的结果。

我有一个跟进了一年半才成功合作的客户。在他第一次发询盘信息，我给予报价之后，因为种种原因，他选择了别的供应商，即使我提出给他发免费样品，他都不理我。不过，我没有放弃，在跟进了无数次、锲而不舍地提供了无数新品信息后，我终于等到了他决定更换供应商的消息，我们成功地开始了合作。后来，我曾在发给他的圣诞贺卡上由衷地写下这样一段话。

Thanks for giving me the opportunity to cooperate with you. You are the customer whom I spent a year and a half in completing the transaction with. Therefore, I will try my best to provide you with the best service in the future cooperation. If I'm not doing well, please feel free to let me know. Your affirmation is my motivation and can urge me to do better and better.

翻译注释：

感谢你给我机会，让我与你合作。你是我用了一年半的时间才成交的客户，因此，我将在未来的合作中尽我最大的努力，给你提供最好的服务。如果我有什么地方做得不好，请随时告诉我。你的肯定是我前进的动力，并能督促我越做越好。

时至今日，我们的合作仍在继续。

就在前不久，他发邮件问我能不能接一张做球杆的订单，并附上了他目前合作供应商给出的报价单。

这类产品，本不在我所属公司的供应范围内，但是他跟我说——你（所属公司）能做的产品，我都转给你做，你（所属公司）做不了的产品，如果你有渠道能得到一个不错的价格，我也可以通过你做。价格对我来说很重要，但是能与一个靠谱的业务员合作更重要。

得客户如此，内心除了欢喜，更多的是骄傲和自豪。

对客户有耐心，是一件说起来容易，做起来很难的事情，因为没有几个人愿意把大量的精力和时间用在一个不知道潜力如何的客户身上——如果对方发展得越来越好，这些精力和时间还算值得，如果对方始终发展不起来，业务员岂不是在白费工夫？

根据我过往的经验，很多优质的大客户，合作前期要么订单小、事情多，要么回复信息慢、沟通不及时，可一旦信任建立起来，订单量就会成倍上涨。因此，很多在接触初期无法判断潜力大小的客户，也值得我们用精力和时间去维护和跟进，买卖双方都需要一个相互了解的过程，耐心，是这一过程中相当重要的影响因素。

4.5 必要时，"套路"才能得人心

正所谓"自古深情留不住，唯有套路得人心"，有时候，适当使用一些无伤大雅的"套路"，也许会对工作有意想不到的推动作用。有人可能会感到困惑，上一节刚刚讲过合作时要对客户真心、用心、耐心，现在又讲"套路"，不是前后矛盾吗？其实并不是。我所说的"套路"，是灵活变通的工作技巧，在遇到棘手的问题时，如果有既不损害双方利益，又能有效推进合作进度的方法，为什么不用呢？

身为业务员的我们，很多时候并没有决策权，只能把客户的反馈汇报给领导，由他们来作决定。就算碰到一个潜力无限的大客户，倘若对方在某一方面与领导无法达成一致的意见，双方互不相让，业务员最终也只能选择放弃。

身为公司和客户之间的纽带，业务员需要做好权衡，那就是既要维护公司的利益，又要确保客户的利益不受损害；既不能让公司觉得你工作能力不足，产生成本较多，又不能让客户觉得你不够真诚、不值得信任，从而彻底失去合作的可能。

以下是我在实际工作中经常用到的三个"套路"，供大家参考。

4.5.1 多方协商、各退一步

如何多方协商？怎样各退一步？有的业务员可能会问，出现问题，不应该是谁的错就由谁承担责任吗？还有一起承担的折中方法？

有的！业务员沟通得好的话，不但不会让客户觉得你在推卸责任，反而会让客户对你心存感激。不信？接着往下看。

在出现客诉，客户要求退换货的时候，业务员应该怎么做？我想，通常情况下，大多数业务员会在第一时间查明原因，如果真的是自己的产品出了问题，就找领导商量退换货；如果不是自己的产品的问题，就向客户解释原因或采取后续订单给予更多优惠的办法，力争让客户改变退换货的决定，降低损失。

可是，假如客户不听解释，执意要退换货，领导觉得不是产品的问题，坚持不接受退换货呢？夹在中间的业务员，此时会左右为难。这时候，"多方协商"就派上了用场。

遇到这样的情况时，不管问题出在哪一方，我都会首先站在客户的角度，接受退换货的要求。但是，也要告诉客户，在查明原因之后，会采取不一样的退换货方式。

随后，尽快查明问题所在。如果是客户的错，列出证据，婉转地要求客户承担退换货产生的费用，但为了维持长久的合作关系，可以尽力说服领导，帮客户承担一部分损失；如果是公司的错，拿着产品确实有质量问题的证据，说服领导同意退换货，并告诉领导，自己会找客户商量，看客户能否承担换货运费，尽可能帮公司降低损失。

简而言之，先把最理想的解决方案给客户，让客户看到你解决问题的诚意，安抚好客户的情绪；而与领导沟通，是公司内部沟通，相对来说容易得多。

真正通情达理的领导，面对本公司的失误，一般不会拒绝退换货的要求，而是积极补救，想方设法留住客户。此时业务员若能说服客户承担部分损失，自然会令领导"刮目相看"。

如果是客户的失误，出于对良好合作关系的考虑，业务员要尽可能地说服领导协助承担部分损失，如果领导不同意，可以告诉客户："You know I've tried my best to persuade my boss to agree with my solution, but unfortunately, he didn't agree. I will remember this, and will bargain with him to give you the best discount to make up for this loss in your future orders.（你知道，我已经尽了我最大的努力去说服领导同意我的方案，但是很遗憾，他没有同意。我将记住这次的事情，并在你未来的订单中，想办法与领导协商，给你提供更低的折扣，来弥补你此次的损失。）"

领导不同意，业务员也无能为力，大多数客户是可以理解的，我就遇到过一次类似的事件。

我有一个比利时客户，某次大货订单出了问题，退了少数不良品回来进行检测。检测结果出来后，我们发现产品本身的质量是符合标准的，问题是客户在使用过程中的不当操作导致的。

当时，客户坚持要求退换货，而领导表示产品没问题，坚决不同意。后来，我找领导沟通协调，提出了一个折中的处理方式：该大货订单不退货，我们重新生产一批并半价出售，而该客户之后的新订单保持原价格不变。这是领导能给出的最大让步。

最终，客户看退换货无望，选择了另外一种处理方式，即从我这里购买灯珠，自己维修"不良品"，使之符合他们的使用要求。

很久之后，客户跟我说，他虽对我的领导的做法不太理解（他的订单量很大，如果答应退换货，从长远来看，是共赢的），但对我很感激，因为他知道我一直在尽力帮他解决问题。所以，虽然最后的结果未能令他满意，但是不会因此影响我们今后的合作。

对于业务员来说，周旋在领导与客户之间，做到让双方都满意，着实不易。但与其拖着客户的问题不给解决，不如多方协商，争取各退一步，让合作顺利进行，这样，就算最终客户未能如愿，也不会对业务员心生不满。

4.5.2 坚持底线、适当示弱

在坚持底线的基础上，适当地向客户示弱，有时，可能会四两拨千斤地解决棘手的问题。

举个例子，针对一款产品，业务员给客户报价10美元，客户说太贵了，不停地压价，甚至直接提出目标价6美元，问到底能不能做。遇到这种情况，你会怎么做？很多业务员的做法是先向领导确认6美元能不能做，如果得到不能做的答复，再问最低能承受的价格是多少。当得到的答复是"最低价是8美元，6美元不做"的时候，一部分业务员会硬着头皮跟客户说做不了，放弃此单，还有一部分业务员会做一个详细的成本分析，希望以此来说服客户。

如果是我遇到同样的情况，我可能会说："Dear, this is the best price I bargained with my boss. 6$ leaves us no profitmargins. I really want to do business with you, but I'm sorry to tell you that my boss has made the decision. If I insist on selling the product to you for 6$, I have to bear an additional 2$ loss myself. I don't think you want me to do this. Please stop asking for a price reduction. My boss is going to scold me!（亲爱的，这是我

能向领导申请到的最优惠的价格了,6美元对我们来说已经没有利润空间了。我很想跟你合作,但是很遗憾地告诉你,领导已经作出了决定。如果我坚持以6美元的价格卖给你,我必须要自行承担额外2美元的损失。我觉得你也不想我这么做的。请不要再砍价了,我的领导又要骂我了!")

说了这番话,无非有两个结果:第一种,客户依然不接受这个价格,在回复一句"OK, thanks!(好的,谢谢!)"之后就没了下文;第二种,就是客户探到了底价,决定下单,直接让业务员发PI(形式发票)。虽不能保证100%的客户能下单,但最起码,客户不会再砍价了。

此外,适当示弱这招用在老客户身上,有时候更见奇效。

我曾经犯过一个严重的错误,将一个客户的货做错了,对方对产品外壳形状的要求是螺旋形,结果做成了竖形外壳的产品。

客户原本是不准备接受这批货的,迫不得已,我跟他说:"不好意思,这个问题纯粹是我的失误造成的,如果你不接受这批货的话,我可能不得不承担相应的损失。但是,如果你能接受这批货,我可以努力说服领导在你后续的订单中给予特殊折扣(特殊折扣只限于此张订单的同款产品和同等数量的订购)。我个人认为,你之前选购的一直是螺旋形产品,这次购买了竖形产品,对你来说是给你的终端客户提供了更多的选择,说不定会带来更多被客户采购的机会。"

最后,客户接受了我的建议,我也成功说服领导,为他的后续订单申请到了特殊折扣。

之所以能成功解决这一问题,因为这是一个与我合作多年的客户，我对他已经相当了解了。我给他的价格本身就比较优惠，如果能在此基础上再给出一定的折扣，他肯定很乐意。另外，产品外壳的形状并不会影响产品的正常使用，而且他会用我们的产品进行二次加工，自己对销售什么样的产品有决策权，不用受制于他的客户，如果能给他的客户提供多种选择，他也是乐意尝试的，说不定真的坏事变好事，带来更多的商机呢！

说到这里，大家应该明白了，"示弱"要分情况进行，不是为难客户，而是在充分考虑客户利益的基础上说明自己的情况，让客户对你产生同理心，接受你的建议。

4.5.3 优惠、折扣……还利于客户

在如今的激烈竞争中，商家为了盈利可谓煞费苦心，各种促销手段让消费者应接不暇，比如大家熟知的"打折促销""免费领鸡蛋""0元购机""分期付款""0首付"等。

其实，所谓的"促销"，就是利用消费者占便宜的心理，实现盈利的目的。名目设置再多，无法盈利的买卖也没有商家愿意做。在跟进客户的过程中，业务员也可以采取同样的手段，让利于客户，来达到让客户持续返单的目的。

在外贸工作中，向客户收取运费是必不可少的一项，而出口运费常因各种因素（燃油费、货币汇率、淡旺季等）时有变动，因此每次报价时，业务员报的运费都会比当时的实际运费高——通常情况下，收取客户的运费只会多，不会少。这些多出来的运费，其实可以做很多"让利于客户"的事情，比如下面这三种情况。

情况一：在产品本身货值较低，且公司允许为客户发免费样品的情况下，多收的运费可以用来给客户包邮寄样。这样，客户不用为了免费的样品承担运费，业务员也可以借花献佛，告诉客户"免样品费+免运费"是只针对VIP客户的特殊待遇，以此表达对客户的心意以及长久合作的诚意。

情况二：当运费多收到一定程度时，可以在适当的时机给客户申请特殊折扣，取之于客户，用之于客户，顺便提高客户的满意度，增强客户黏性。

情况三：产品在质保范围内出现客诉时，多收的运费可以用作返修经费，帮客户解决问题的同时，给公司节约一定的成本。

我有一个返单率很高的客户，基本上每个月都会下单，日积月累，每到年底核算的时候，他的运费最少会多出1万美元。而这多收的1万美元，我会在客户不知情的情况下，根据当下订单的情况，采取相应的返还策略。

比如，出现不良品的时候，我不会跟客户探讨到底是谁的责任，也不会让他再次出钱购买，而是免费补给他（实际上是从多收的运费中扣除相应的成本）；再比如，客户下了一张小订单，因为有多收的运费作为保障，我会安排提前给客户发货。久而久之，客户对我越来越信任，忠诚度也越来越高，我就不用时常担心他再找其他供应商合作了。

所谓"还利于客户"，其实就是"羊毛出在羊身上"。从客户身上获取利润，再通过一些策略适当返还一些给客户，从而取得客户的信赖，达到长期合作、持续盈利的目的。

第 5 章
留住客户的关键

外贸从业者都知道,开发客户并不是一件一劳永逸的事情,竞争供应商太多、"回头客"太少、客户流失率太高,都是导致业绩忽高忽低的主要原因。想要业绩稳步提升,业务员需要做两方面的努力:一是要有源源不断的新客户加入,二是要有持续不断的老客户返单。本章就来重点讲讲怎么有效地留住老客户。

本章主要涉及的知识点

◎ 用"利"留住客户的三种方式
◎ 怎样才能把服务做到极致
◎ 从竞争者中脱颖而出的三个细节
◎ 客诉处理"四步法"

注意

文中案例并非适用于所有行业,仅供参考,请勿不加取舍地套用!

5.1 让客户一直有"利"可图

在交易的过程中,买卖双方都是逐利的,无利可图的生意,没有人愿意做。就拿外贸工作中最简单的报价来说,基本上没有客户会在业务员报价之后感慨产品的价格低,哪怕价格真的已经很低了,客户也只会简单地回复一句"OK, the price is fine(好的,价格可以)"。客户能够做到不砍价,已经让业务员很开心了。

对于客户来说,供应商的报价低一点,他的利润就高一点,谁也不会嫌利润太高。因此,想要与客户长久地合作,最行之有效的方法就是让客户一直有"利"可图。

只有让客户一直获利,他才会与你长期合作,客户得到的越多,订单越多,你得到的也就越多,这就是所谓的"互利共赢"。

5.1.1 最低折扣

客户要求业务员报价的时候,最喜欢说的一句话是"Please give me your best price.(请给我最优惠的价格。)",其实,"best price"是一个比较模糊的概念,因为每个客户对"best"的接受程度不同。

比如,原价10美元的产品,有些客户能接受的"最优惠的价格"是9美元,而有些客户,在业务员给出5美元的低价时,依然觉得贵。

所以,当合作多年的老客户发来询价信息,要求"最优惠的价格"时,很多业务员会苦恼于不知道报一个怎样的价格才算是满足客户对"最优惠"的要求，接下来，我们就针对具体情况进行分析。

很多业务员都有这样一个认知，和老客户已经合作多年，彼此间有了默契，他要什么产品，甚至可以不说具体要求，直接发一个型号就可以了，业务员按照他以往的订单模板，简单修改一下具体数据，发一个PI（形式发票），客户收到后直接付款，订单就轻而易举地完成了。

看起来是一件很简单的事，事实上呢，要想长久地留住客户，这样做是远远不够的。老客户也是有需求变化的，并非所有客户都愿意接受常年下单却永不降价的产品，尤其是在他的订单量有所增加的情况下。

此时，若业务员不主动对价格做出调整，客户很可能会偷偷找别的供应商询价，如果对方的报价比你的报价低，他很可能会带着更低的报价来找你砍价，你同意降价，他就继续下单，你不同意的话，他便慢慢地把订单转走。

如果某一天，经常找你下单的客户的订单量突然变少了，极有可能是他已经找到了新的供应商，然后无情地把你抛弃了。

遇到这种情况时，很多业务员会表示不理解："我的服务挺周到的，我的回复挺及时的，客户遇到问题时我都会第一时间协助解决，为什么客户还会流失呢？"

客户要换供应商，自然有他要换的道理。服务不到位、质量不到位都是影响因素之一，但多数情况下，价格是他们考虑是否继续合作的第一要素。客户想得到更多的利润，而你没有办法满足他，所以他选择了新的供应商，就这么简单。

所以，在自己合作多年的老客户突然要求重新报价的时候，哪怕这款产品他之前买过无数次，也要在重新报价后跟他解释一下："This is really the lowest price for now. If more discount can be provided in the future, I will let you know immediately.（这真的是目前最优惠的价格了，如果以后能提供更多折扣，我会立刻告诉你的。）"简单的一句话，既让客户放心，又让他知道，你给他的一直是最优惠的价格，那么，当他再拿别的供应商给出的低价来找你砍价的时候，你就可以义正词严地跟他说："You know I re-check the price to ensure the best price for you every time when I offer a new quotation. We have cooperated for many years, and the quality of the product must be guaranteed as well while I make a concession on the price. Therefore, the lowest price of others may contain some hidden information that you don't know, but the lowest price I gave to you is really the lowest price.（你知道，我每次做新的订单时，都会重新核价，以确保为你提供的是最优惠的价格。我们已经合作多年，在价格作出让步的时候，产品质量也必须要有保证。其他供应商给出的最低价可能包含了某些你不知道的隐藏信息，但是我给你的最低价就是真的最低价。）"

要想维护好客户，业务员一定要学会随机应变，不要在不知不觉中让自己陷入被动局面，流失好不容易稳定合作的客户。

5.1.2 特殊福利

每位客户的诉求都不一样，在对客户有了一定的了解之后，业务员不妨适当提供一些有针对性的特殊福利给相应的客户，有时能起到事半功倍的效果。

所谓"福利",不过是为了留住老客户,给予他们的一些特殊关注。给"福利",目的是获取对方更多的认可和肯定,让客户保持更高的黏性,以防止客户的流失。

比如,我有一个国内贸易商客户,他的订单要求比较多,且异常严格,严格到一个标签的长宽都要完全按照他的要求来。额外成本增加了,报价自然比较高,不过,因为他的客户所做的项目是对质量有严格要求的政府工程,为保证产品安装时万无一失,他的订单,我们每次都会根据不良率,额外配送些备品。

大部分供应商是不为订单提供备品的,需要备品的客户都必须自己额外购买,而他在我们这里是一个例外,这就是我们给予他的特殊福利。

再比如,我有一个关系特别好的美国客户,每年都会通过我下大量订单。这个客户有一个特殊之处,即从我们这里订购产品后,需要将产品进行机器组装,而组装的工作也是在中国完成的。了解这一情况之前,我们完成订单后是将产品寄到美国,再由客户从美国寄回中国进行组装,来回耽误时间不说,关税和运费也是一笔很大的开支。后来,我根据实际情况,建议客户优化流程,由我们将产品直接寄给国内负责组装的供应商,组装时出现任何问题,我们双方可以直接沟通,不再由客户来回传话,省时、省事、省钱,还减少了出错的概率。再后来,随着订单量增加,我又帮客户申请了一个额外福利,即国内发货不再收取运费。

这样,既帮他解决了问题,又为他节约了成本,客户当然越来越信任我,以至于有其他供应商给他发开发信寻求合作的时候,他会直接回复对方:"Sorry, I'm working with Elisa. We have been cooperating for many years. I also trust and love her very much, and will never change supplier.(抱歉,我正在跟伊莉莎做生意。我们已经合作很多年了,我非常信任和喜欢她,永远不会更换供应商。)"

怎么提高客户的忠诚度?就通过这些看似微不足道的细节。要说这些福利有多值钱,其实不见得,但是对客户来说就是很珍贵,因为这确确实实是在为他着想。供应商是在白白付出吗?当然不是!客户受益是表象,真正获利的还是供应商,因为长久又稳定的合作,必然带来源源不断的订单,从而实现可持续发展!

5.1.3 主动降价

大家都做的事情,我们跟着做,并不出众;大家都不做的事情,我们去做,更有可能收到奇效。如今这个时代,处处都讲究个性,只有跟别人不一样,才有可能脱颖而出。

做外贸工作也是如此。每当原材料涨价到一定程度,业务员都会及时告诉客户:"原材料涨价了,产品也要涨价。"但是很少有业务员会在原材料降价的时候主动找客户为产品降价。

给客户涨价很常见,在客户没提出要求的情况下主动降价,很特别。

很多业务员认为老同事离职后留下来的客户不好继续合作,因为客户与老同事的合作很愉快,会先入为主地认为老同事是最好的业务员,接手的业务员哪怕只有丁点儿做得不到位的地方,也会被客户无限放大。

其实，有一个立竿见影的好方法，可以让客户在合作之初就对接手的业务员产生好印象，那就是主动降价。

具体操作很简单，如果老同事给客户的价格是1.2美元，接手的业务员就可以主动提出以1.1美元的价格继续合作，当然，这个新提出的价格仍然是得有一定利润空间的。

与此同时，价格不是白降的，还得配合一套相应的说明。接手的业务员可以这样跟客户说："这个价格是我找领导申请了好几次他才同意的，是给你的特殊折扣。一是感谢你长期以来对我们的支持和信任；二是表达我们的诚意，希望原同事的离职不会对我们后续的合作产生不良影响；三是代表我个人，希望我们未来合作愉快，如果我有什么做得不到位的地方，请一定指出，我会虚心接受每位客户的意见，并加以改进。"这样一来，会给客户留下怎样的第一印象，就可想而知了！

跟进老客户，似乎比开发新客户简单。老客户需要下新订单，让业务员发PI（形式发票），然后付款、做货、发货即可，不需要进行过多的沟通、谈判、磨合。可同样是完成看似简单的流程，为什么有些业务员的老客户越来越少，有些业务员的老客户则越来越稳定呢？各种原因，对比之后才见端倪。

对待老客户，业务员除了努力建立良好的第一印象以外，还要持续不断地体现自己的价值，让客户知道为什么与你合作是他的最佳选择。不要机械地等客户提出要求后才给予回应，而是要在客户没提出要求时就先替他想到。知道客户最在意的是什么，才有机会成为他的最佳合作伙伴。

留住客户并非一朝一夕的事情，需要业务员有全局意识，有时候，不能太计较一单两单的利益得失，要知道，只有长期合作，才能使利益最大化，否则，失去的不只是一个客户，还有用在客户身上回不来的时间成本。

5.2 怎样把服务做到极致

客户在众多供应商中选择一家供应商进行合作，是要经过综合考量的。谁都想与价格好、质量好、交期好、服务好的"四好"供应商合作，但是在现实生活中，这四点很难同时满足。

举个例子，大家都知道，顺丰快递是快递行业的佼佼者，服务最好，交期最快，快递员的素质相对更优，但是其价格也是最高的。

价格、质量、交期、服务四要素，是客户评定一家供应商的优劣时最常用的硬性指标。这四者往往不会兼而有之，质量好、成本高，必然导致价格上涨；服务好、交期快，同样也会导致各种隐性成本的增加，从而再次抬高价格。

可以说，以上四要素之间是相互制约、此消彼长的关系。因此，在"四好"供应商难寻的情况下，客户必然会退而求其次，选择对自己来说性价比最高的供应商来合作，而这个性价比，取决于客户最在意的那个要素。

服务好，几乎是所有客户都在意的一项。

把服务做到极致，很可能会让客户在不知不觉中降低对价格的要求，如果产品的质量、交期也都能满足客户的要求，留住客户的可能性就会大大提升。

之所以这样说，是因为客户在进行选择时，很容易受到自己主观好恶的影响。在与客户打交道的过程中，客户的主观判断会对后续的合作能否顺利达成起至关重要的作用。而业务员对待客户的服务态度，能直接影响客户的主观判断，从而成为决定客户要不要跟你合作的关键影响因素。

5.2.1 说到做到

为了成单，在客户面前轻易许下承诺的业务员不在少数，而公司领导有时候不仅无法帮助业务员规避风险，还会起到"推波助澜"的作用。

比如，在与客户的沟通中，业务员将所有订单细节都谈清楚了，价格也确定了，最后卡在了交货时间上，找领导确认客户要求的交期能否满足的时候，十有八九会得到"可以"的回复，但领导不参与实际生产，对生产进度并不十分了解，最多跟生产负责人说一下，这个货急，加急做，但是具体能不能按期交货，只有生产部门才最清楚，一旦生产部门延期交货，谁也无法帮业务员对客户进行解释。

再比如，有客户询问一款需要定制的产品，该定制产品有一些细节上的要求,理论上可以满足,但是具体能否实现,需要画版图才能确认。在客户没付款时,业务员大多会被告知可以做。这时,如果业务员不放心,多次询问相关人员,并要求其画图确认,经常会被不耐烦地回复:"先让客户下单再说。"就算相关人员勉强答应帮忙处理,也会先做已下单的产品,然后一拖再拖,最后不是因为客户没有下单而不了了之,就是应付了事,让业务员难以推进工作。

遇到诸如此类的情况,于客户而言,就是业务员言而无信、效率低下,很容易因此降低合作信任度。或许有业务员会说,公司其他同事配合不到位,业务员有什么办法?这些事情做不到,不是业务员的错呀!这话确实没错,但是业务员是和客户直接对接的人,在客户看来,言而无信的首先是业务员,其次才是业务员背后的公司。

业务员给出了承诺,结果食言,一次两次,客户或许还能忍,次数多了呢?难免会被贴上"不靠谱"的标签。为了避免出现类似的情况,业务员在工作中一定要多留心,增加自己的知识储备量,对各环节的难度和用时做到心中有数,不轻易给出承诺,即使迫不得已要给出承诺,也不要将话说得太满。给自己留有余地,更有利于后续的沟通。

除了上述涉及人员和部门较多的事情外,还有一些事情,是在业务员可控范围之内的。比如,以下几件事情,业务员可以向客户作出承诺。

承诺一:这次出现了几个不良品,在下次的订单中,免费补发同样数量的新品。

承诺二:这次收取的开板费或开模费,在大货订单结算时返还。

承诺三：这次多收的运费，在下一张订单中扣除。

……

对于这种在自己可控范围之内的承诺，业务员也不要掉以轻心，因为在实际工作中，业务员每天需要处理的事情很多，需要对接的客户也很多，时间一长，承诺过的事情未必都记得，如有遗忘，也许业务员是无心之失，但客户会有一种被欺骗的感觉。

因此，如何切实做到言行一致、信守承诺，是业务员必须要认真思考的问题。凡事不要敷衍客户，也不要为了成单轻易许诺，答应的事情一定得办到，及时做备忘，让客户觉得跟你合作是安心的，你做事是值得信任的，客户自然会对你青睐有加。

5.2.2 及时反馈

假如我们在电商平台上买了一件衣服，付款之后，等了很多天，卖家都没有发货，也没有打电话或发信息告诉我们出了什么问题，我们心里会不会很不舒服？有人可能会主动向卖家询问具体发货时间，虽然心情肯定会因此受到影响，但不深究。而我，下次一定不会再买同一店家的衣服了，因为他们缺乏卖家该有的服务意识！

同理，当业务员发了 PI（形式发票），客户付了款，之后一直没有再收到关于订单的任何进度更新信息时，客户心里会怎么想？可能有些业务员会觉得，产品在生产中，具体交期还不确定，根本不知道该跟客户说些什么，还不如干脆不说，等客户来问了再说。其实这种心态很危险！业务员不主动与客户同步进度，客户就没有渠道了解他的订单到底被安排了没有、生产进行到哪一步了、自己什么时候可以收到货等信息，很容易产生不踏实的感觉。尤其是在客户已付全款的情况下，相当于他在承担全部风险。业务员与客户大多通过网络沟通，双方甚至都没见过面，客户怎么能完全放心呢？这正是很多客户在付款时倾向于选择更有保障的第三方平台（比如PayPal）的原因。

那么，业务员应该如何进行及时反馈，又需要向客户反馈些什么呢？反馈节点和反馈内容可以参考以下内容。

第一步：客户发来付款水单之后，及时对客户表示感谢，并告知客户订单已安排，正在备料；

第二步：收到货款时，告知客户货款已到，以免客户挂心；

第三步：材料到位后，及时联系客户，告知预计交期；

第四步：生产中，偶尔拍照发给客户，让客户了解即时生产进度；

第五步：发货前，把完整的装箱单发给客户，并告知物流单号；

第六步：及时查看物流信息，看到货物被签收后，通知客户物流显示已签收，请注意查验，并期待客户的反馈。

当然，每家公司的规章制度不同，有些是见付款水单即安排生产，有些则是款项到账后再安排生产，业务员可以根据公司的规章制度，合理地安排生产，提前向客户说明具体情况即可。

以上每一步看似都很简单，但在实际操作中，很少有业务员能够做到。有的业务员可能会说，我跟进的客户这么多，怎么可能做到对每一个客户都事无巨细地给予关注呢？这或许就是"合格"和"优秀"之间的区别，有些人觉得做不到的事情，偏偏有些人做得很好。很多事情，不是能不能做到的问题，而是想不想做的问题。

除了订单进度方面的及时反馈，还有一点需要注意，即在生产过程中出现任何业务员无法自行解决的问题，业务员一定要及时告诉客户，由客户作出决断，千万不要代客户作决定。比如，客户要求的线材颜色是红、黑、绿、黄，生产时不小心做成了红、黑、绿、蓝，虽然对产品使用没有什么影响，业务员也必须立刻告诉客户。对此，业务员可以想办法说服客户接受这一变化，但千万不可以自作主张、隐瞒实情。

另外，在向客户反映问题的同时，业务员也要提供相应的解决方案，即你觉得怎么处理比较好，不能只是把问题抛给客户就不管了，毕竟论专业程度，供应商比客户懂得更多一些，可以多帮客户分担一些烦恼。

5.2.3 完美售后

我曾经在电商客服这一岗位上工作了半年多，负责的产品是蓝牙音响。当时，客服分为售前客服和售后客服，售前客服有销售提成，但是工作时间长、加班多，很辛苦；售后客服不用加班，但是工资固定，没有销售提成。

在我的印象中，售后部的电话总是响个不停，售后客服们每天都围绕着退货、换货、快递异常等诸多问题跟客户不停地解释，身为售前客服的我，虽然工作时间较长，也很累，但感觉与售后客服比起来幸福多了，毕竟谁都讨厌处理麻烦事。

不过，对于外贸行业的业务员来说，处理售后问题是避无可避的。讲个例子，前不久，我收到了一个美国客户发来的客诉，说产品不能使用，要求退货。我第一时间联系了客户方的项目经理，问清缘由。原来，该项目要求使用不防水产品，而对方之前定制的都是防水产品，考虑到防水产品使用的PU胶容易发黄，此次产品主要在室内使用，需要规避这一问题，所以他们更改了需求。但是，客户方采购部下单的时候，按防水产品的价格计算了费用，且在邮件中特别说明这次订单中的产品用硅胶防水（以前用的PU胶，容易发黄），导致我们的生产部门接收了错误的信息。

如此看来，失误的并不是我们，而是对方的采购人员，是他们内部没有沟通清楚需求。但是，客户执意要求退货，倘若我直接列出证据、推卸责任，势必会引起对方的不满，进而影响后续的合作。思来想去，我决定先找领导谈谈。

我给领导提供了两个处理方案。

方案一：重新安排生产，双方各承担一半成本（相当于为新订单打五折），运费由客户承担。

方案二：我们免费做灯带，不做配套的端子线（价格比较贵），因为客户可以自己拆下原订单中防水产品的端子线，换在新做的灯带上。

同时，我也表明了自己的态度，即不管对方选择哪个方案，我们都坚决不同意退货，不然关税和运费会带来大量的额外支出。

我跟领导说，这次订单量不大，金额也不算高（产品总货值1400美元），增加的成本很容易通过后续订单的利润追平。如果因为这1400美元的货跟客户闹得不愉快，就因小失大了。好在领导本就了解这个客户的潜力，知道对方订购的大多数产品是利润很高的定制款产品,而且从不砍价。所以,领导权衡利弊之后,同意优先按方案一的处理方法与客户进行沟通。

接下来,我给客户发了这样一封邮件。

Hi, Kyung,

Please find attached PI for only 50% payment. This is the best solution I could offer after bargaining with my boss. But if you cannot agree with it, I can bargain with him again to see if it's possible to find a better compromise solution. That is, we only send you LED strips without connectors for free charge (but the shipping cost is required) , and you can use the connectors of the defective pieces you have received by now. But in no case will my boss agree to return the goods, because this will incur more unnecessary costs. Hope you can understand.

Please let me know if you have any suggestions. Thanks!

Have a nice day!

Kindest regards,

Elisa

翻译注释:

你好,凯琼:

请查收附件中的PI(形式发票),只需要支付50%的货款(即可得到一批全新的产品),这是我与领导商议后所能提供的最好的解决方案。如果你不同意这一解决方案的话,我可以再找他商量一下,看有没有可能找到一个更折中的解决方案，即我们只发免费灯带，不发端子线（但是需要收取运费），你们可以用目前收到的那一批产品的端子线。但是在任何情况下，我的领导不会同意退货的，因为这将产生更多不必要的费用。希望你能够理解。

如果你有什么建议，请告诉我。谢谢！

祝你今天过得愉快！

致以最诚挚的问候，

伊莉莎

随后，我在客户询问交期前，有备无患地向仓库确认了库存材料，确保新订单可以在三天内发货，并再次发邮件告知客户。做完这一系列工作后，我得到了客户的回复，对方表示很感谢我的努力，他们反查了具体情况后，发现自己也有问题，故经过内部协商，他们决定不再要求退货，事情算是解决了。

我想，如果换一种处理方式，摆出证据跟客户说："这个问题跟我们没关系，是你们自己的内部沟通有问题。我们并没有做错货，因此，我们拒绝退换货。"虽然有理有据，但是会给客户带来截然不同的感受，后续能否继续合作成了未知数。

总之，业务员要牢记一件事情，那就是合作是长期的，不是一时的，跟客户细分责任没有太大的意义，在问题已经出现时，解决问题才是关键。

在本章的5.4节中，我会根据工作中的实际案例，重点讲讲客诉处理"四步法"。不过，业务员要知道，售后服务并不只是客诉处理，还包括样品或大货发出后的跟进工作、客户回访工作等。比如，在客户订购的产品卖得不好的时候，业务员要帮客户分析原因，最好能一起想到解决问题的方法。毕竟只有客户的产品卖得好，作为供应商，才能得到更多的订单，获取更多的利润。万不可在产品发出后，客户没反馈，业务员也不跟进，不知道客户收到产品后使用得怎么样，只一味地询问是否还有后续订单。

不了解客户的产品使用情况，就无法针对客户的问题作出有效的改进，那么，当客户转身与你的竞争对手合作时，你就哑巴吃黄连，有苦说不出了。

5.3 当好客户的贴心"小助理"

要想跟客户保持良好的合作关系，需要业务员操心的事情太多了。整个第五章，我们讲的都是如何留住客户，那么，想要留住客户，最重要的是什么呢？是价格吗？同样一款产品，往往没有最低价，只有更低价；是质量吗？不同客户对质量的要求不尽相同，不管产品质量高低，每家能存活下去的公司，都有一批长期、稳定，且忠诚度极高的客户；是交期吗？并非所有产品都对交期有严格的要求，对此，我深有体会。

我曾经在手表行业工作半年，迫使我选择离开的根本原因是经常失信于客户——答应客户一个月交货，实际上延期10天、20天，甚至一个月都是很常见的情况。因为手表不是对货期要求很严格的产品，所以只要我诚心表达歉意，并说出一个足够令客户信服的理由，仍然有很多客户愿意返单，虽然失信于人的行为让我心中充满歉意、压力很大。时至今日，那家公司还在，听说发展得还不错，在一定程度上可以说明，交期不是影响合作的最重要因素。

当然，这并不是说这三项指标不重要，只是逐一分析后，能称得上"最"的，恐怕只有服务。服务耗费的除了人工成本，还有时间成本，倘若业务员能把自己化身为客户的"小助理"，提供一对一的贴心服务，既能帮客户推荐合适的产品、协助他完成订单，又能帮客户解决问题、免除他的后顾之忧，与客户保持良好的合作关系当然不在话下。

5.3.1 客户忘记的事及时提醒

有的业务员可能不太理解："我怎么知道客户忘记了什么事？而且，怎么提醒才能不对客户造成打扰、让客户反感呢？"接下来，我通过两个例子进行说明。

比如，我们有时候会碰到一些客户，订单细节都谈妥了，PI（形式发票）也发了，客户答应了要下单，可是业务员等了几天，仍然没有收到付款水单。这时候，我们可以委婉地跟客户说："Dear, perhaps you are too busy to send me payment slip. Could I get it now? I'd like to arrange the production in advance for faster delivery.（亲爱的，或许你太忙了，所以没有给我发付款水单。现在能发给我吗？我想提前安排生产，以便更快地发货。"虽然这并不能算是"客户忘记的事情"，但是我们可以默认为客户忘记了，以此为由头提醒一下，效果比简单粗暴地问客户"You said you will place the order, but could you tell me when?（你说你将会下单，能告诉我是什么时候吗？）"好得多。说是提醒，其实不过是换一种方式去催促客户，但这样做既不会让客户感到反感，又能达到自己想达到的目的。

再比如，客户收到样品后迟迟没给予反馈时，业务员的跟进消息可以这样写："Hi, Dear, I know you have received the samples for several days. I think you forgot one thing that you are too busy to give me feedback about the samples. But anyway, Elisa is still here waiting for your professional comments.（你好，亲爱的，我知道你已经收到样品好几天了。我想你忘记了一件事——可能因为你太忙了，所以没有给我关于样品的反馈。无论如何，伊莉莎会一直在这里等着你专业的评价。）"

如今，每个人都在追求差异化，业务员想要留住客户，当然也要让客户看到自己的与众不同之处。

有时候，遇到需要催促、提醒客户的情况，不用把气氛搞得过于凝重，有技巧的沟通，才能让客户会心一笑，产生一种别样的新鲜感。

当大多数业务员都用模板化的语言与客户沟通的时候，你的别具一格一定会让对方眼前一亮。

5.3.2 客户讨厌的事有效避免

与客户沟通的过程，也是对客户加深了解的过程，业务员在与客户洽谈业务的时候，要对客户的个性作一个大致的判断，以免一不小心说了让客户介意的话、做了让客户反感的事。

说到这里，可能有业务员会皱眉："我悟性太差，有些客户比较高冷，甚至惜字如金，我无从了解他到底讨厌什么，应该怎么办？"其实，每个人都有自己做事的原则和底线，在沟通的过程中，客户再惜字如金，也会对自己最在意的事情加以强调，关键是业务员有没有留心。

比如，在第三章第三节3.3.4中，我提到了一个严谨的德国客户，我在没有提前跟他沟通的情况下，擅自更改了PI（形式发票），提高了运费，虽然事出有因，但害得自己差点失去这个客户。由此我知道了，严格按规矩办事就是这个客户的底线。承诺过的事情不能有变动，就算有，也一定得事先跟他打招呼，征得他的同意。在之后的合作中，我一直都牢记对方的底线，再也没有发生过不愉快的事情。

在工作中，我对一类客户印象深刻，即特别讨厌业务员不按自己的要求做事，哪怕对方是为他着想也不领情的那类客户，相信很多业务员都遇到过。

我是那种喜欢给客户提建议的业务员，有时候，客户提出的方案不太合理或者存在某种隐患，我会试图说服客户接受我的方案，而不是听之任之。

出于对我的信任，或经过长时间的合作，觉得我比较专业，多数客户会选择接受我的建议，但也有一些特别自信的客户，觉得自己的方案没问题，不管我的建议有多好、可行性有多强，他都坚持己见。

对待这样的客户，"碰壁"两次后，我会选择严格按他提出的要求去做，以防引起对方的反感。不过，虽然不再尝试说服对方修改方案，该提的专业性建议还是要提，以防后期真的出现状况，客户推卸责任，说业务员不够专业。

虽然在大多数情况下，增加交流有利于加深业务员与客户之间的了解，但也要看客户是什么性格的人，不能一概而论。有些业务员，为了拉近与客户之间的距离，喜欢跟客户闲聊一些工作之外的话题，碰到善谈且乐于分享的客户，当然越聊越欢，甚至相见恨晚，可是碰到那些严肃认真、不爱闲聊的客户，很可能会因此觉得该业务员不务正业，反而起到反效果。

我听过这样一个故事，有一个男业务员，想开发一个大客户，当时正值世界杯，他便通过邮件跟客户聊起了自己喜欢的球员和球队，原本以为同为男士的客户肯定也关注球赛，没想到对方毫不留情地回复道："Don't waste my time, I have no time to talk about this.（不要浪费我的时间，我没有时间和你谈这个。）"弄巧成拙。

总之，做外贸工作，需要与形形色色的人打交道，在这一过程中，业务员要根据客户的性格、好恶，以客户为中心，适当地对沟通方式作出调整。

千万不要不加区别地对待所有客户，不管对方是什么性格，来单了就接，没单了就催，跟客户没有任何交情，不知道客户喜欢什么，也不知道客户讨厌什么，当有一天客户换了合作供应商，自己都不知道为什么。不得不说，没能被客户记住，称不上是一个成功的业务员！

当然，在与客户磨合的过程中，难免会发生一些令人啼笑皆非的事情。犯错不可怕，可怕的是犯错后不吸取教训。留住客户不是一句空话，是需要业务员用心对待的事情。

5.3.3 客户在意的事不要忘记

随着时间的推移、经验的积累，业务员的业绩会越来越好，跟进客户的数量也会越来越多，有时候难免产生一种力不从心之感。人的精力毕竟有限，一个业务员要跟进数十甚至上百个客户，怎么做才不会让客户觉得自己被怠慢了呢？我与大家分享一下自己的经验。

我是一个比较注重细节的人，不愿意遗忘客户提出的任何一个要求，但人的记忆力毕竟有限，难以保证万无一失，所以我很喜欢为不同的客户、不同的订单做清晰的备注，尤其是对客户特别在意的点进行重点记录。

比如，我有一个客户下了一张订单，要求我在发货前拍测试视频和图片给他，如果我因为事情比较多，把这件事忙忘了，想起来的时候货已经发走了，再去跟客户解释，客户心里会怎么想？他会觉得我不靠谱，觉得自己不受重视，一旦在客户心里留下了不好的印象，很不利于后续合作的开展。规避这种情况发生的方法很简单，在答应客户的同时，给这个客户或这一订单做个备注，推进后续流程时，多次查看备注，加深印象，以避免遗忘。如果业务员能做到把每个客户的交代都记在心上，用心落实，一定会让后续合作越来越稳定。

我对接过一个老同事离职后留下来的客户，每次发货前，客户都要求我拍产品图上传，而且必须根据订单要求，为产品拍各种细节图。起初，我不明白是为什么，熟悉后，客户跟我说，因为之前负责跟他对接的那个同事给他发的产品出过很多问题，为避免收货时的麻烦事，必须在发货前确认无误，他才放心。

这件事情对我的触动很大，客户在意的，不过是供应商按要求做货，如果总是因为我们的疏忽大意，让客户承担后果，我们又凭什么抱怨客户爱换供应商呢？

能否留住客户，考验的是在日复一日的合作过程中，业务员的细节做得到不到位。

都说细节决定成败，很多被业务员忽视的细节，是客户决定是否继续合作的关键点。"千里之堤，溃于蚁穴"，业务员谨记，不要让自己因一时疏忽，丢掉了好不容易建立起来的客户的信任。没有了客户的信任，长期合作就失去了存在的基础。

5.4 客诉处理"四步法"

关于客诉处理，我在本章第二节中进行过简单的介绍。因为在实际工作中，客诉处理是否得当，是合作能否继续的重要影响因素之一，本节，我们再来展开谈谈。

客诉处理得好不好，考验的是业务员的综合能力，但出现客诉后，单凭业务员一己之力，解决起来非常困难，因为伴随客诉出现的，往往还有赔偿等敏感问题，业务员很难自行承担。处理客诉，需要公司的大力支持，可以说，没有公司作为后盾，就算业务员想出一百个解决方案，也是枉然。因此，面对客诉，在公司内部进行沟通和与客户沟通同样重要。

那么，如何双管齐下，解决客诉难题？如何给公司和客户分别提供有效的解决思路和方案？这是每一个业务员都需要学习与掌握的。

5.4.1　第一时间快速回应

试想，假如我们花了很多钱，买了一个与描述不相符的残次品，找卖家理论却迟迟得不到任何答复，会是一种怎样的心情？作为一个投诉无门的受害者，内心的不满和愤怒是不言而喻的。如此换位思考一下，就不难理解为什么客诉发生时，某些客户会情绪激动了，毕竟事出有因。

在实际工作中，当同时收到两封邮件，一封客诉，一封订单，你会如何排序处理？我想，多数业务员会先处理后者，因为没有人喜欢处理麻烦事。

面对客诉，选择逃避是一种本能反应，这时候，很多业务员会采取拖延策略，能拖一会儿是一会儿，能拖一天是一天，但是，拖得了一时，拖不了一世，掩耳盗铃终究不是办法。问题没有得到解决，就会像一根刺一样，让人坐立难安，还不如选择积极面对。对于这一点，我深有体会。

刚入行的那段时间，收到客诉的时候，我会把这种棘手的事情放在所有事情之后处理，如果时间刚好是晚上，我会当作没看见，任凭客户在网络另一端焦急等待。

但是，虽然我表面上漠不关心，心里却无时无刻不在想着未处理的事情，甚至连做梦都会梦到客户对我的指责和谩骂。

后来，我试着说服自己正面应对客诉，毕竟逃避无法解决问题，只会让事情越来越糟。

如今，当我再收到客诉时，我会第一时间告诉客户："I feel so sorry to hear this, but don't worry, I will pass this problem to my boss, and try to find the best solution together soon, then will get back to you later today.（我很抱歉听到这个消息，请放心，我将把问题反馈给我的领导，并和他一起尽快找到最好的解决方案，今天晚些时候给你回复。）"

给客户一个交代的同时，也给自己一点压力，敦促自己想办法尽快解决这件事情。

我想，换位思考一下，业务员就更能理解客户此时的心情了。如果自己是客户，花钱买了一个不满意的产品，难免会不开心。找卖家投诉却没人理，心情肯定更加糟糕。而若卖家能第一时间给出回应，心里多少会踏实一点，最起码，有回应就证明对方在尝试解决问题。

因此，收到客户的投诉时，业务员应该快速给予对方回应，这样做，既表达了卖家负责任的态度，又告诉了客户，他所反映的问题卖家已经知晓，一定会尽快想办法解决。

5.4.2 安抚客户情绪

客诉处理第二步，是有效安抚客户情绪。人在激动的状态中，是很难沟通的，这时候，业务员最好不要进行过多的解释，更不要急于划分责任，因为客户通常没有心情听你讲道理，甚至还会觉得你在狡辩，不利于问题的解决。

在外贸工作中，我们往往是通过邮件或即时聊天工具收到客户投诉的，当客户发来比较激动、并不友好的文字时，业务员要控制好自己的情绪，先诚恳地说一声抱歉。不管对方以什么样的态度来反馈问题，业务员都要带着"解决问题才是最终目的"的心态，去安抚客户。偶尔遇到客户怒气难消，甚至恶语伤人的情况，业务员也一定不要图一时之快，和客户发生正面冲突，此时，可以这样跟客户说："Please calm down, dear! I know you are very angry now, but I don't think angry is good to solve the problem.（请冷静，亲爱的！我知道你现在很生气，但是我觉得生气不是一个好的解决问题的方法。）"待客户情绪稳定，再引导他叙述事情的详细经过，并认真聆听，做好记录。遇到质量纠纷时，最好建议客户提供一些图片或视频，作为向公司"谈判"的证据，让客户知道你是真心想帮他解决问题的。

在解决问题的过程中，还有很重要的一点，即对于客户之后发来的消息，业务员要尽可能做到及时回复，以免客户着急，觉得被敷衍。

一般情况下，发生客诉，尤其是大型客诉时，客户的心理是比较脆弱的。我们与客户相隔千里万里，通常只靠邮件、即时聊天工具或电话进行沟通，很难建立牢固的信任感，倘若业务员没有及时与客户同步客诉处理进度，一些性急的客户可能会采取"极端手段"。

我碰到过一起客诉，客户要求的产品材质是铝板材质，而我们做货用的是常规的玻纤板材质，收到货后，客户发现问题，要求退货。

我收到客诉后进行了及时回复，并承诺会上报领导，反查后第一时间告知他解决方案。但是仅过了一个晚上，客户没收到进一步反馈，就等不及了，直接在即时聊天工具上通知我，说他们经理决定直接打电话给我们公司的领导，必须要有一个说法。紧接着，客户甚至找到一个他在中国的朋友，亲自到我们公司找我进行协商，并警告我，如果我不能及时解决这个问题，他会让那个朋友直接找我的领导面谈。

还好，在他因为此事将我的公司闹得天翻地覆之前，我已经把事情的来龙去脉汇报给领导了。在说服领导重新为他做了一批货之后，事情才得以圆满解决。

通过上述事例，不难看出安抚客户情绪的重要性，这是能否圆满解决问题的前提。很多时候，我们以为合作得挺好的客户，突然有一天就"失联"了，除了公司倒闭等客观原因，大部分不过是因为客户的不满达到了顶点，忍无可忍，更换了供应商。

5.4.3 查明事情真相

客诉发生后，如果业务员如前文所述，第一时间回应了客户，安抚好了客户的情绪，也对客户作出了承诺："请给我一天的时间，我要查明原因，届时一定会给你一个满意的答复。"基本可算是初步处理好了与客户的关系。然而，在查明原因的过程中，业务员会发现，事情并没有想象中那么轻松。从根本上解决客诉纠纷，不是一个人可以轻松完成的事情，客户和公司的双向配合才是关键。倘若其中任何一方不肯配合，甚至产生抵触情绪、推卸责任，纵使找出了原因，问题也无法得到解决。

抛开第三方运输造成的延期或丢货等问题，导致客诉发生的原因多集中于买卖双方，不是客户操作不当造成产品损坏，就是产品本身有质量问题。

面对公司与客户必有一方要对问题承担主要责任的情况，业务员需要调整好心态，不可贸然归责，要以中间人的身份，客观地作出评判。

如果是产品本身的质量问题，就以客户代言人的身份与公司领导沟通，最好拿出一个切实可行又不偏不倚的方案，促使双方达成和解，反之亦然。接下来，我们通过一个真实案例进行讲解！

我有一个合作客户，在2018年连下三单之后，2019年，毫无预兆地消失了大半年，无论我怎么发消息，对方都不回复。直到2019年7月9日，他突然给我发来了一封客诉邮件，大致内容是2018年的一张订单中，有一款灯具很容易进水，进水后，很多产品都因短路烧坏了，他已经更换了一部分，而现在，备用品快用完了。因为这个产品出现问题，导致他一直没有新项目，也就一直没有再下单，问我该怎么办。我第一时间给予了回应，对出现这样的问题表示抱歉，提议他尽快确认不良品的具体数量，因为还在两年质保期内，我们可以根据他给出的不良品数量，在下次订单发货时，免费补新品给他。

之后，客户很久没有回复我的消息，我跟进了很多次，直到半年后，他才作出回应，此时，还有半年，那批产品就过质保期了。这次，客户的语气明显比第一次气愤得多，因为他听说我们免费给其他客户换过货，质疑为什么对他区别对待，还说如果这次给他免费换货，下次还通过我下订单，否则，他会更换供应商。

这次，我回复了如下邮件。

Hi, Kim,

Thanks for telling me the truth.

Actually we treat all our customer fairly, so it's also possible to send you new lights for free to replace the defective ones, but in order to have a long-term business with you, there is one condition:

Free lights have to be sent to you together with your next order, or you have to pay for the shipping cost for these free new lights. That's also the solution I mentioned in my last e-mail. You are also one of our valued customers, and we want to satisfy every customer, including you certainly!

Please kindly let me know your advice if possible. Thanks!

Kindest regards,

Elisa

翻译注释：

你好，金姆

感谢你告诉我实情。

事实上，我们对待所有客户都是公平的，所以，免费给你发新灯具用来替换不良品也是可能的，但是，为了能与你有长期的合作关系，需要满足一个条件。

免费灯具必须和你的下一张订单一起发货，或者由你来支付这些免费灯具的运费。这也是我在上一封邮件中提到的解决方案。你也是我们尊贵的客户之一,我们想让每一个客户都满意,当然包括你!

如果可能的话,请告诉我们你的意见。谢谢!

致以最诚挚的问候,

伊莉莎

两个月后,客户再次回复了我,大意是他现在没有新订单,但需要更换所有的灯,总数量是650个,和之前订单的数量一样。产品的质保期都快过了,他让我全部免费换新,这个要求明显很不合理!

通过跟领导协商,鉴于质保期暂时还没过,我答应将新产品以5折的折扣卖给他。然而,客户不接受,甚至因为一个误解变得火冒三丈、恶语伤人,于是,我再次给客户回了一封"长篇大论"的邮件。

Hi, Kim,

After bargaining with my boss, he finally agreed with the solution that we each pay 50%. It's really the best result.

The reason he disagreed is that it's been around two years since you placed the order, and it will be out of warranty soon. It's normal that some lights don't work during this period, and as you said not all the lights don't work. That not all the lights don't work means some others are still working, so it's fair that we each pay 50%.

One more thing, to be honest, if the other lights fail by the end of this year, we cannot replace them for free, because the two-year warranty has expired.

You know any product has a warranty, and it cannot be replaced for free forever, right?

For updated connectors, I think it's my responsibility to explain more to you.

I have to say that there is a misunderstanding that you think the old version is of bad quality. Actually the old one is also waterproof. The reason to change it is that it's a little difficult to screw up the nut. If it is not screwed up, water can get into it easily. The new one is designed to solve this problem.

We treat all our customers equally. We can send the replacement lights for free and ship them together with the next order, or charge the shipping fee for the replacement lights only, but we will only charge the lights that don't work, excluding the ones that are still working normally. I know this is not the result you expected, but it's really fair for both of us. We need to understand each other, and try to achieve a win-win business, don't we?

Best regards,

Elisa

翻译注释：

你好，金姆

我和领导商议之后，最终，领导同意由你和我们各承担50%（新产品费用）的解决方案。这真的是最好的结果了。

他不同意（全部免费换新）的原因是，这张订单完成大概两年了，质保期快过了，在这期间，有些灯坏了是正常现象，正如你所说，不是所有的灯都坏了。不是所有的灯都坏了，就意味着其他一些灯还在正常工作，所以，我们双方（对新产品）各承担50%的费用是公平的。

还有一点，说实话，如果今年年底，其他灯也坏了，我们不能免费更换它们，因为已经过了两年质保期。

你知道，任何产品都有质保期，不能永远免费更换，对吗？

对于升级后的防水端子，我觉得我有责任向您解释更多。

我不得不说，我们之间存在一个误会，那就是你认为旧款产品的质量不好。实际上，旧款产品也是防水的，之所以更新换代，只是因为旧款产品的螺母很难拧紧，如果不拧紧，就很容易进水，新款产品是为了解决这个问题设计的。

我们对所有客户一视同仁，所以我们可以给你发送免费更换的灯，与你的下一张订单一起发货，或仅收取发出所更换的灯的运费。但是，我们仅对坏了的灯进行免费更换，不包括仍然在正常工作的灯。我知道，这不是你所期望的结果，但这对我们双方来说真的很公平。我们需要相互理解，并努力实现双赢，对吗？

致以最诚挚的问候，

伊莉莎

这封邮件发出后，客户并未回复，却在质保到期前下了一张新订单，问题圆满解决了。

在这起客诉中，客户一开始发的邮件是很客观的，后来因为误会，产生了些许暴怒情绪，并提出了不太合理的要求。我抓住他话语中的"漏洞",摆事实、讲道理,不带指责情绪地正面"反击",最终达到了自己预期的效果。

做生意,本身就是为了利润,无利可图的不叫生意。如果因产品质量问题导致客诉、赔偿,甚至加倍赔偿,都是供应商必须承担的。但是,当客户提出某些并不合理的要求时,该据理力争的,业务员一定要据理力争,千万不要因为怕失去客户而选择妥协退让,让公司蒙受不白之冤。该是谁的责任,就是谁的责任,把事情说清楚,再想办法一起解决问题。

5.4.4　制定合理的解决方案

客诉处理第四步,也是最重要的一步,就是制定合理的解决方案。

先与大家分享一个同事A遇到的客诉案例。同事A收到一个前任业务员留下的客户投诉,客户反馈说他们购买的产品出现了质量问题,但因当时情况紧急,没有第一时间找我们协商解决,且未保留不良产品证据。发现问题后,他们立刻从另外一家供应商那里购买了新产品,待项目顺利完成,才腾出时间联系我们进行索赔。

同事A梳理了事情的前因后果,找到领导问:"已与客户方工程师确认,并非对方安装上的失误,且对方从另外一家供应商处购买的产品采用了同样的安装方式,并没有出现同样的问题,这种情况,我们能给予赔偿吗?"

领导给出的答案是:"不能。"

领导作出这样的决定,其实很好理解。首先,出现问题的时候,客户没有及时反馈；其次，索赔时，客户无法提供相关证据，仅凭对方工程师无凭无据的一句话，就把责任归咎于卖方，过于草率。如果我是同事A，在向领导汇报之前，一定会建议客户提供一份详细的不良检测报告，以此作为向领导申请给予客户赔偿的证据。若报告不具有足够的说服力，还可以建议客户把不良品退回，由我们进行再次检测，若检测报告与客户提供的检测报告相同，给予赔偿就合情合理了。

客诉的完美解决，需要买卖双方达成共识，因此，业务员要厘清思路，找到问题的根源所在。面对客户提出的赔偿要求，业务员应保持清醒的头脑，既为客户考虑，也兼顾公司的利益，力求达到平衡。代客户向公司提出赔偿要求之前，业务员一定要拿到足够的证据，而不是任客户予取予求。

再分享一个我自己遇到的客诉案例。此客户与我们合作了两个项目，在经过面谈之后，第一个项目的订单顺利签署，协议的付款方式是发货前支付85%，待安装完成且确认无误后，再支付余下的15%尾款。第一个项目还未结束时，第二个项目上线，新项目协议的付款方式是所有款项在发货前结清。第二个项目下单前，客户已确认过样品，然而，待客户收到大货之后，给出了这样的反馈："领导不满意产品的亮度，想退货。"可以肯定的是，样品和大货是完全一样的，因此，此次退货并非产品质量问题所致，我给客户提供了四个不同的解决方案。

Hello, Sinisa,

If the goods are returned for their own reasons (it's size, quality, etc.), they can be returned duty-free within two years. However, we need to provide the relevant export documents for China Customs, and the procedure is relatively complicated.

In view of the information from you, you want to return the goods just because your boss isn't satisfied with illumination of the balls. I have to say it's not the problem of goods themselves. The balls have frosted covers instead of transparent ones, so it's not as bright as what your boss wants.

Therefore, it will be treated as import goods finally. If so, import duty is necessary.

Generally, there are several solutions for this case as below for your reference.

(1) Return the goods①

Pay 17% of the import tariffs as general merchandise imports.

(2) Return the goods②

We need to provide China Customs with export certificates, but the process is quite troublesome, because only the balls will be returned, but we exported them together with some other goods.

(3) Not return the goods①

Please resell the balls locally.

(4) Not return the goods②

Please confirm the exact number of the balls you want to return. We'll give you a special discount, and make up the difference.

Please discuss it with your boss, and let me your final decision. Thanks!

Kind regards,

Elisa

翻译注释：

你好，西尼萨

如因产品本身的原因（尺寸、质量等）发生退货，两年内可免税。不过，我们需要向中国海关提供相关的出口文件，手续比较复杂。

根据你提供的信息，你们希望退货的原因是你的领导对球灯的亮度不满意。我不得不说，这不是产品本身的问题。球灯的外壳是磨砂材质的，不是透明材质的，所以它才没有你的领导想象中的那么亮。

在这种情况下，它将会被作为进口货物处理，如果是这样，进口税是无法避免的。

一般，对于这种情况，有以下几个解决方案供你们参考。

（1）退货方案①

按一般商品进口，缴纳17%的进口关税。

（2）退货方案②

我们需要向中国海关提供出口证明，过程比较麻烦，因为只有球灯会被退回，但我们是把它们和其他货物一起出口的。

（3）不退货方案①

请在当地转售球灯。

（4）不退货方案②

请确认你们要退回的球灯的确切数量，我们会给你们提供特殊折扣，并补足差价。

请与你的领导讨论以上解决方案，并让我知道你们的最终决定。谢谢！

致以亲切的问候，

伊莉莎

当天下午，我收到了客户方另一个员工Morana的回复邮件。

Dear Elisa,

Hello, I am Morana from ××. I'm writing to discuss the situation of the balls.

We have discussed the solutions you have advised and finally our boss wants to return the goods. The thing is that our boss Mr. × dose not want to have any unnecessary extra cost—he wants clearing. We want to return 10 unopened boxes and 2 opened boxes—we opened just 3 packs of balls (2 from one opened box and 1 from the other opened box). Now we will return 162 strings of unopened balls, weighting approx. 200kg. When we export from Croatia we pay $1000, and the import cost should be more than $1000, right?

As far as I know, we have on outstanding debt of approx. $4700, now and the value of the balls is approx. $6000. Eventually, we are still losing money. You said "Please confirm the exact number of the balls you want to return. We'll give you a special discount, and make up the difference". Please let us know how to mutually benefit.

Thank you in advance.

Morana

翻译注释:

亲爱的伊莉莎

你好,我是来自××的莫拉娜,我发邮件是为了商议关于球灯的解决方案。

我们已经对你所建议的几个解决方案进行了讨论,最后,我们的领导想要退货。原因是我们的领导×先生不想支付任何额外费用——他想获利。我们想退回10个未开封的纸箱和2个已打开的纸箱——我们只打开了3包球灯(2包来自一个已打开的纸箱,1包来自另一个已打开的纸箱)。现在,我们将退回162串未打开的球灯,重量约为200公斤。当我们从克罗地亚出口时,我们支付1000美元,进口成本应该超过1000美元,对吗?

据我所知,我们现在还有约4700美元的待偿还债务,球灯价值约6000美元。最终,我们还是有损失的。你说过,"请确认你们要退回的球灯的确切数量,我们会给你们提供特殊折扣,并补足差价"。请让我们知道如何才能做到互惠互利。

先谢谢你。

莫拉娜

根据客户的回复,我提出了自己的建议。

Dear Morana,

Thanks for your updates.

From your information, I got:

(1) Return the goods

Qty: 162 strings=162 × 12=1944PCS

TOTAL: 1944 × $2.94=$5715.36

The import costs are different from the export costs. It's much higher if we purchase something from foreign countries, almost 3 times the export costs. It's not a good choice for you, I think.

(2) Not return the goods

Although it's not for the products' own reasons, in order to show our sincerity, we are willing to reduce $1000 from your debt. So, if you agree, your final debt is: $4771.35 − $1000=$3771.35

By the way, you also purchased some accessories for the balls, such as cables, power supplies, controllers, etc. If you return these balls, it seems that these accessories become useless.

To be honest, the second solution is better than the first one as it can save you more money.

In addition, I applied to my bass for a special benefit. That is, you can get a 5% discount in your further orders that others don't have. Please pass my above suggestions on to your boss and get back to me as soon as possible. I think he will be happy if he knows that.

I also hope we can solve this problem and pay off the debt before 2018's coming.

Thanks a lot!

Best regards,

Elisa

翻译注释：

亲爱的莫拉娜

感谢你最新回复的邮件。

根据你在邮件中提供的信息，我可以给出以下解决方案。

（1）退货

数量：162 串 =162×12=1944 个

总计：1944×2.94 美元 =5715.36 美元

进口成本与出口成本不同。如果我们从国外购买东西，进口成本会比出口成本高得多，几乎是出口成本的三倍。我认为这对你们来说不是一个好的选择。

（2）不退货

虽然不是产品本身的质量问题，但为了表达我们的诚意，我们愿意为你们减免 1000 美元的债务。所以，如果你们同意的话，你们最终的债务是：4771.35 美元 — 1000 美元 =3771.35 美元。

顺便说一句，你们还为这些球灯购买了一些配件，比如电缆、电源、控制器等。如果你们把这些球灯退回来，这些配件似乎就没用了。

说实话，第二个解决方案比第一个更好，因为它可以为你们节省更多的钱。

另外，我向领导申请了一项特殊福利，即在你们以后的订单中，你们可以享受其他人享受不到的 5% 的折扣。请将我的上述建议转达给你的领导，并尽快回复我。我想，他知道了这些新的优惠会很高兴。

我希望我们能在 2018 年到来之前解决这个问题，结清债务。

非常感谢！

致以最诚挚的问候，

伊莉莎

随后，客户再次提出了他的诉求。

Dear Elisa,

Thank you for the reply and offered benefits.

I discussed this once again with Mr. × and he is not satisfied with the export situation and all the additional costs. The thing is that he does not want to install the balls anywhere, because he does not like the illumination of the balls and that we certainly cannot sell them. Mr. × wants to pay off the debt as well, but the offered debt is high for something he would not use at all. He would agree if you are willing to reduce $2000. That the final outstanding debt is $4771.35 – $2000=$2771.35. It should calm him and solve the problem partly.

Thank you in advance for understanding.

Morana

翻译注释：

亲爱的伊莉莎

感谢你的回复和提供的福利。

我和×先生再次讨论了这个问题，他对出口情况和所有额外费用都不满意。目前的问题是他不想把球灯安装在任何地方,因为他不喜欢球灯的亮度,而且,我们确实无法销售它们。×先生也想结清债务,但是对于他根本不会使用的东西来说,债务很高。如果你们愿意减免2000美元的话,他将会同意的。那么,最终的未清债务就是4771.35美元—2000美元=2771.35美元,这将会让他平静下来,并解决部分问题。

提前感谢你的理解。

莫拉娜

根据客户的要求,我制定了相应的解决方案。

Dear Morana,

Thanks for your effort.

I had a meeting together with my boss, and finally we decided:

(1) $2771.35 is OK.(随附加盖公章的债务明细)

(2) Please pay off the debt within this week, and send me the bank slip once you finish the payment.

(3) There will be no 5% discount in your further orders, but I will give you other discount if I can afford it.

(4) If you have new project in the future, 100% payment before delivery is required. Debt is not allowed by then.

I know you tried your best. Thank you so much! But so did I! This is really our biggest concession and final solution we can accept. Hope you can understand us, too!

As you know this debt has been owed for a long time. 2017 is ending. Please pay it off as soon as possible. Thanks a lot!

Kind regards,

Elisa

翻译注释：

亲爱的莫拉娜

谢谢你的努力。

我和领导开会讨论了一下，最后，我们决定（给予如下解决方案）。

（1）2771.35美元是可以的。（随附加盖公章的债务明细）

（2）请在本周内还清债务，并在完成付款后将银行水单发给我。

（3）在你们以后的订单中，不会有曾经提到的5%的折扣，但我会在我的能力范围内，给你们提供另外的折扣。

（4）如果你们将来有新项目（与我们合作），需要发货前100%付款。到时候，负债情况是不被允许出现的。

我知道你已经尽力了，非常感谢！我也尽力了！这确实是我们能够给予的最大让步和我们可以接受的最终解决方案。希望你也能理解我们！

如你所知，这笔债务已经存在很长时间了。2017年就要结束了，请尽快结清债务。非常感谢！

致以诚挚的问候，

伊莉莎

最后，双方达成统一。

Dear Elisa,

I apologize for my late reply.

Thank you very much for your concession.

I assume that we will not have any problems, but in case of a defect of your goods we are installing now, we would like to ensure that you will provide us with service support until the end of our project.

Please be kind and send us your statement / warranty with your official seal. Then we agree with the above decisions and the debt will be paid off within this week.

Thank you once again.

Morana

翻译注释：

亲爱的伊莉莎

我为我的晚回复表示抱歉。

非常感谢你们的让步。

我认为我们（已收到的产品）不会有任何问题，但是如果我们现在正在安装的产品有缺陷，我们希望得到保证：你们将向我们提供服务支持，直到我们的项目结束。

请将你们加盖公章的声明／保用单发给我们。我们同意上述决定，债务将在本周内结清。

　　再一次谢谢你。

　　莫拉娜

收到这封邮件后，我按客户的要求制订了协议，并回复如下邮件。

Dear Morana,

Thanks for everything you did for us!

Please check attached file "STATEMENT" that you required, which includes everything that we promised Sinisa before.（再次附上债务详细信息）

Please send me the bank slip as soon as you finish the payment.

Thanks a lot!

Kind regards,

Elisa

翻译注释：

亲爱的莫拉娜

感谢你为我们所做的一切！

请检查附件中你们所需要的"协议"文件，其中包括我们之前向西尼萨承诺的所有内容。（再次附上债务详细信息）

请在完成付款后立即将银行水单发给我。

非常感谢！

致以诚挚的问候，

伊莉莎

很快，客户发邮件告诉了我最终确定的尾款支付时间。

Dear Elisa,

Thank you once again! It was forwarded to our accountant today and it can be paid tomorrow. I will send you the bank slip as soon as possible.

Morana

翻译注释：

亲爱的伊莉莎

再次表示感谢！相关材料今天已经转给我们的会计了，明天就可以安排付款。我会尽快发银行水单给你。

莫拉娜

其实，从来往邮件中不难看出，客户之所以要求退货，除了对产品本身的亮度不满意之外，还有一个重要的原因就是第一个项目的15%尾款未付，对方的潜台词是"15%的尾款能不能打个折"。其实，在谈第一个项目的付款方式时，我们就预料到了"安装完成后再付15%的尾款"是有风险的，因此，报价时，我们在价格上设置了一定的空间。发生客诉后，我提供的几个方案都是想引导客户走打折这条路，看起来，这也是他能选择的最佳方案。

很多业务员怕出现客诉，因为它可以轻而易举地破坏我们好不容易培养起来的与客户之间的信任。其实，任何事情都有两面性。客诉的完美解决，也可能让原本不咸不淡的合作关系变得亲密无间。

曾经有一个客户，跟业务员A的关系特别好，平时聊聊家常、谈谈理想，已经熟悉到不止于工作关系了。突然有一天，客户的订单出现了问题，需要进行投诉，因为之前负责这一订单的业务员离职，在找不到相关负责人的情况下，客户想到了A。可是A并没有给客户提供对方想要的帮助，理由是"这一订单并不是通过我完成的"。

A要求客户找公司，后来，客户辗转联系上了业务员B。B了解清楚情况之后，通过与公司及客户的双向沟通，不仅完美解决了客诉问题，还额外收获了客户新下的一张订单。令人没想到的是，此时，A突然找到B，说："我跟客户的关系很好，经常聊天，你能把这张订单让给我吗？"B大为震惊，心里飘过一万个"凭什么"。这时的客户，在被A"踢皮球"后，跟A的关系已从"亲密无间"变成了"形同陌路"。

遇到客诉时，业务员一定不能慌，遇到严重的客诉时，更是要冷静，因为慌乱解决不了任何问题。业务员首先要做的是了解事实，然后通过客户反馈的信息，分析客户内心真实的想法和需求，最后再结合实际情况，给出相应的解决方案。

对于客户的诉求，合理的部分，业务员当然要为其尽力争取，不合理的部分，业务员也不能毫无底线地一再让步。总之，业务员要以一个中间人的姿态，平衡公司和客户双方的利益，力争做到不偏不倚，实现客诉的完美解决。

第 6 章
玩转社交工具

因为地域跨度的特殊性，外贸业务员不会像内贸业务员那样，经常有机会与客户面对面商谈业务。多数时候，外贸业务员的客户身居海外，买卖双方只能通过网络进行在线沟通，那么，如何正确使用线上社交工具就显得尤为重要。本章，我们就来聊聊线上社交那些事儿。

本章主要涉及的知识点
◎ 三种常用社交工具的高效使用方法
◎ 正确发邮件的重要性
◎ 工作沟通中的"界限感"

┃注意

外贸工作中，可选择的线上社交工具有很多，找到适合自己的最重要。

6.1 如何正确使用聊天工具

从业时间长了,我经常收到一些不认识的客户发来的询盘信息,细问之下得知,他们大多是通过Facebook(脸书网)和YouTube(国外视频网站)得到我的联系方式的。每次听到小伙伴说自己的社交平台没有对工作起到帮助作用的时候,我都会告诉他要耐心,或许这些社交工具短期内无法在业绩上帮助我们,但是长远来看,它们存在的意义重大,其影响有一个从量变到质变的过程。

6.1.1 WhatsApp的高效使用方法

外贸从业者都知道,现在,越来越多的国外客户喜欢使用WhatsApp(一款即时通信应用程序),方便、快捷、沟通更高效。在WhatsApp上,不需要手动添加好友,也不用等对方确认好友关系,安装应用程序后立刻就可以使用手机号码给客户发消息。不过,对于这种支持即时联系的应用程序,业务员要懂得妙用,而非滥用,我通常在以下几种情况下,才会使用WhatsApp。

情况一:发邮件给对方,对方许久不回,刚好知道对方的手机号码,就使用WhatsApp碰一碰运气;

情况二:在客户的网站看到了客户的手机号码,写开发信之前,先用WhatsApp聊一聊,让客户对我产生印象;

情况三:有急事找客户,发邮件太慢,贸然打电话又怕打扰到对

方,便通过WhatsApp发一条消息;

情况四:有个别客户会通过WhatsApp下单。遇到这样的情况,首先,我会在线发PI(形式发票),并跟客户说一句:"I will send you PI again via e-mail later.(稍后,我会再通过邮件发形式发票给你。)"随后,把细节在邮件中进行罗列,最后,把邮件内容截图,通过WhatsApp发给客户确认。

根据我的经验,在开发客户方面,用WhatsApp发消息比发邮件的效率高很多。用邮件发开发信,客户能不能看到、看到后会不会打开都是未知数,但是用WhatsApp发消息,打开率高达95%以上,而且,在WhatsApp中,我们可以直观地看到对方何时上线、何时在线、有没有读取我们的消息,更能做到心中有数。

我就用WhatsApp成功开发了不少客户。在未收到邮件回复的时候,我会尝试直接添加对方的WhatsApp,把开发信内容截图发给对方。如果对方对产品感兴趣,就会与我展开进一步沟通,双方可以通过简单的信息互动,更快地建立信任感。就算对方读取消息后不予回复,最起码他知道我了,我也和他联系上了,后续再慢慢想办法开展合作呗!

业务员切记,通过WhatsApp联系客户的频率不要太高,以免引起对方的反感,把你拉黑。慢慢引导,逐步深入,言之有物——这是我能提供的"十二字建议"。

6.1.2　YouTube的高效使用方法

我发现,国内很多外贸从业者极少使用YouTube,即使它是一个在国外使用频率很高的视频网站。其实刚开始的时候,我也并不觉得

YouTube有什么用，直到后来，总是有客户让我给他发视频，而较大的视频文件通过邮箱是无法发送的，经常被退信，所以我开始把一些产品的接线图视频发到YouTube上，客户需要的时候，直接发链接给对方。

随着成交的客户越来越多，我尝试着把一些客户发给我的工程视频共享到YouTube上，发现这样不仅可以吸引更多潜在客户，而且当有客户需要同款或同类产品时，我可以直接把视频链接发给他，既省事，又极具说服力。

见识到传视频的好处后，我开始陆续把自己拍的或公司拍的一些产品细节视频传上YouTube，既方便客户更全面地了解产品，又给自己节约了很多跟客户反复介绍产品的时间。

2020年，新冠肺炎疫情席卷全球，随之而来的是网络直播的兴起，这时，很多外贸企业也做起了直播，不少同行着手把直播视频直接传到YouTube上。

在国内同行越来越重视对YouTube的使用的情况下，我开始研究国外同行在YouTube上发布的视频。他们的视频对产品的解说很详细，一边介绍产品功能，一边演示，有的还配有字幕，让买家更直观地了解产品，从而更迅速地建立对产品、对卖家的信任。

业务员的沟通能力再强，把产品介绍得再详细，也不及一个直观的产品展示视频具有说服力。

观察到这些情况后，我把个人YouTube账号进行了优化，添加了简介和其他社交平台的链接，方便客户与我建立联系。还别说，不久后，真的有YouTube上的客户慕名来找我询价。

我的YouTube账号界面如图6.1所示。

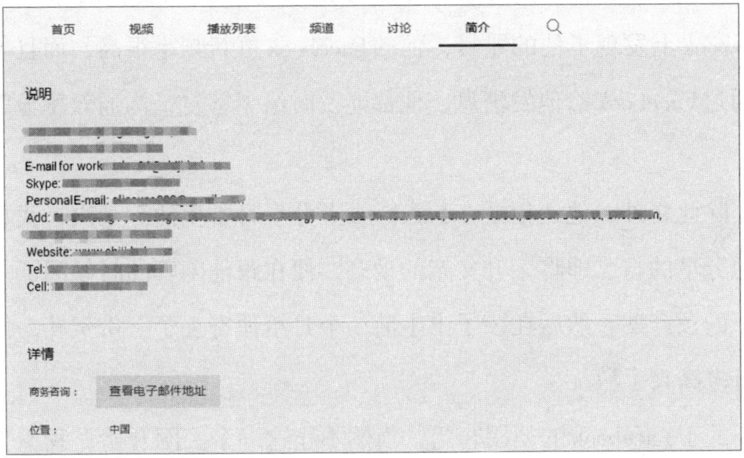

图6.1 账号简介界面

YouTube的功能当然不止上文提到的这些，每个社交平台都有它独特的功能和魅力，作为业务员，要善于发现、学会利用，只有这样，才有可能借助这些平台，成交更多客户。

6.1.3　Facebook的高效使用方法

每个客户都有自己的使用偏好，有人喜欢用WhatsApp，有人喜欢用E-mail，有人喜欢用Skype（一款通信应用软件），也有人喜欢用Facebook。经过观察，我发现，很多客户特别喜欢在Facebook上分享自己的生活日常，利用好这一点，能够有效地帮助我们拉近与客户之间的距离。

我有一个从2018年开始合作的客户，算是我的合作客户中数一数二的大客户，我们就是通过Facebook熟悉起来的。

刚开始，我们只是通过邮件进行沟通，但对方使用邮件的频率不高，每次我有急事找他，都要等很久才收到回复。后来，我在Facebook上发现了他的账号，他的Facebook更新频率很高，而且每次我通过Facebook给他发消息，他都能及时给予答复，沟通效率显著提高。

除此之外，他还很爱在Facebook上分享日常生活。某次，我看到了他分享的自己即将荣升父亲的动态，便在跟他闲聊的时候问了一下孩子的预产期，然后在孩子出生前一个月给他寄去了一份贺礼，他别提有多高兴了！

关于Facebook的使用窍门，当然不止这一个。刚开始，我不了解平台特点，总是直接发产品广告，直到第一个账号被封，才慢慢改变了策略。

从发广告到发软文，再到偶尔分享自己的生活，让客户更多地了解我……Facebook给我提供了一个机会，让跟我合作的客户们知道我是一个怎样的人的机会，更自然地拉近了我们之间的距离。

在使用Facebook的过程中，我偶尔会针对部分客户的疑惑进行公开解答，有时，客户在Facebook上给我分享工程视频，我也会私信客户，征得对方的同意后，在自己的主页上共享出来，并@对方，以表谢意。

有的业务员可能会疑惑："你这样做，岂不是把客户暴露给同行了？"我觉得，如果客户一直身处这个行业，就不会只跟一个供应商有联系，在他准备换供应商的时候，业务员想拦是拦不住的。所以，与其花心思提防同行，不如把目光放在自己身上，帮助公司优化自家产品，提升个人业务技能，增强自身服务意识，努力成为客户心中的"无可替代"！

6.2 别为了省事，忘记"发邮件"

随着科技的发展，人们越来越喜欢便捷的生活、工作方式，这种变化也对外贸行业产生了影响，具体表现为一条即时消息能解决的问题，业务员就懒得再发邮件了，当然，很多客户也是如此。

下单时，客户直接通过WhatsApp告诉业务员具体的订单数量，业务员直接在线发送PI（形式发票）文档，客户收到后立刻支付货款，省时又省事。

但是，凡事有利也有弊，更何况，邮件作为商务谈判历来的主要工具，还肩负着其他即时聊天工具无法承担的"重大使命"。

本节，我会通过具体案例给大家讲解，工作中，到底有哪些事情必须要给客户"发邮件"。

6.2.1 重要的事情要发邮件备份

在很多外贸公司，同事离职后，领导会将他之前负责对接的合作客户分配给新的业务员负责对接。跟进这些客户时，我经常很头疼，原因是打开归档后的客户邮箱，发现居然没有几封邮件，而且，仅有的几封邮件还是不连贯的，让人不知道怎么才能通过这些片段化信息去了解、分析客户，进而制订相应的跟进计划。

在实际外贸工作中，这样的例子数不胜数。虽然每个人的工作习惯不尽相同，但我认为，对待工作，严谨一点没有坏处。

对于一些重要的事情，哪怕已经在即时聊天工具上得到了客户的确认，我建议业务员依然要通过邮件，向客户复述一遍。

首先，这样做能够有效提高工作效率。工作中，我们时常会遇到一种情况，就是同一个项目，跟客户谈了很长时间，因为中间的数次变动和调整，慢慢地，业务员对于某些细节的记忆会变得模糊，这个时候去翻看过往的聊天记录，无形中会增加很多额外的工作量，而若中途更换过手机、电脑等设备，未及时备份聊天记录，或不小心清空过聊天记录，都会造成无记录可查的被动局面。面对同一件事，如果业务员在每次确认细节之后，都以邮件的形式做个总结，发给客户，并把此邮件标注为"重要邮件"，那么，后续的跟进工作会轻松很多，也会减少很多麻烦。

其次，这样做会让客户觉得业务员很专业。所谓的专业，不仅表现在对产品的深度认知上，更表现在对细节的把握上。

回到6.2.1小节开头的那个情境中，对于一个合作许久的客户，长期与之对接的老业务员能够将其对产品和订单的要求熟记于心，但新业务员对此一无所知。如果没有往来邮件作为合作记录，暂且不考虑接手的业务员在一无所知的情况下该如何有效跟进，我们先说说客户可能给出的反应。由于与老业务员在合作上已经达成了某种默契，客户很可能会先入为主地对新接手的业务员产生抵触情绪，此时，如果新接手的业务员不能迅速了解客户要求，愉快、高效地与之沟通，就很难第一时间获取客户的信任。大多数客户不会因为你刚接手，就很耐心地为你讲解他需要什么产品、具体的产品要求是什么，突然增加的沟通成本只会让他觉得"这个新接手的业务员一点儿都不专业，沟通起来很不顺畅"，当业务员与客户之间的隔阂越来越多，客户转单或流失也就无可避免了。

最后一点，也是最重要的一点，即邮件可以在公司与客户产生分歧时拿出来作为最有力的证据。聊天记录虽然有时也可以起到同样的作用，但是与邮件相比，还是有明显的缺点，比如不够正式、碎片化严重，假如客户一方断章取义，说是业务员理解失误，可能会导致更严重的客诉，或带来更高的沟通成本。

通过即时聊天工具完成沟通后，以邮件的形式对沟通要点加以总结归纳，能有效地避免或解决上述"麻烦事"。

总之，对于重要的事情，业务员一定要勤于发邮件，哪怕所有事项都已确认完毕，也要以邮件形式再次复盘、总结，以免出现纰漏，为之后的工作埋下隐患。

6.2.2 订单细节要发邮件确认

有的业务员会问，已经通过即时聊天工具跟客户确认好了订单细节，有没有必要再给客户发一次邮件进行确认？我的答案是，当然有必要！

即时聊天工具之所以方便，是因为通过它，我们能迅速收到客户的回复，但是不得不承认，它也有一个很严重的弊端，那就是信息零散、查找起来非常麻烦,如果针对同一问题在不同时期进行过处理方式的调整,反查时更是需要阅读大量的聊天记录进行确认。另外,业务员也很难保证自己在制作订单时,将所有即时聊天过程中提到的信息都包含进去,如果正式下订单之前没有再以邮件形式对订单细节进行总结并发给客户确认,一旦遗漏重要信息,很可能造成严重的后果。

我有一个关系不错的法国客户,双方一直通过Facebook沟通,偶尔发邮件。2020年9月,他通过Facebook给我下了一张订单,订单中有一个硬性要求,即产品材质必须为铝板材质(在5.4.2小节中,曾详细讲述过该案例)。当时,我正在焦头烂额地筹备婚礼,一时疏忽,没有通过邮件跟他确认订单细节,也没有在安排订单时备注材质,最终的失误令客户非常恼火。虽然此事通过给他免费做了一批货解决了,但是由于交期延误,使得客户在他的终端客户那里丧失了信任,原本之后还有在谈的合作项目,就这样夭折了。这个失误本来是可以避免的,却因为我个人的不严谨,给客户和公司都造成了损失。

把失误的风险降到最低是业务员的责任,希望大家引以为戒。

6.2.3 报价和PI(形式发票)要发邮件留存

作为业务员,每天需要处理的事情很多,回复即时消息及邮件、写开发信、维护现有客户、协调生产进度、跟进订单发货、处理各大社交平台上的客户问题等,如果再收到一些复杂的客诉,真的会有分身乏术的感觉。仅靠记忆力去记每个客户的问题和要求,恐怕没有那么容易。

我自认为记忆力还算不错，但偶尔也会忘记一些事情。前些天，有一个老客户找我要一款产品的报告，我立刻要求工程师做这个报告，但是因为太忙，忘记了跟进，而工程师也忙，我没有催，他就没有做。

直到第二天早上，看到客户的信息："I did not receive the report yesterday. Do you know why?（我昨天没有收到报告，你知道为什么吗？）"我才想起这件事。

有些小事，跟客户解释一下就过去了，但对于报价和发PI（形式发票）等跟业绩挂钩的大事，千万马虎不得。以免有时候报完价，因为没有及时跟进，客户被同行捷足先登。

在实际工作中，每次收到客户找我询价的信息，通过即时聊天工具报完价后，我都会多说一句："I will e-mail you details as well in a few minutes later.（几分钟后，我会通过电子邮件向你发送更多详细信息。）"在邮件中，除了随附报价单或PI（形式发票）以外，我还会把客户的特殊要求、产品的生产周期等信息在正文中一一列明，既方便客户查看、确认，又方便自己进行后续跟进，以免因事务繁杂而忘记细节或出错。

刚刚提到方便客户查看、确认，这是发邮件的另一个重要作用，通过即时聊天工具报完价或发完PI（形式发票）后，整理一封邮件发给客户，比让对方反复翻看聊天记录更贴心！很多时候，客户并不会在业务员报完价或发完PI（形式发票）后直接下单付款，如果他询价时货比三家，那与他沟通的业务员就不止你一个，如果你在结束聊天之后没有通过邮件进行复盘、加深他的印象，客户很容易把你忘记，如果碰巧你的报价也没有什么优势，客户可能就再也不会联系你了。

业务员想成交更多订单、合作更多客户，就要避免一切可能丢单、丢客户的情况发生，不忽视任何一个潜在客户，就多了更多的成单可能性。

6.2.4 发邮件的好处

不知道大家有没有发现，越是优质的客户，越喜欢用邮件沟通，你甚至找不到他以某公司员工的名义注册的个人社交账号。

我曾经问过好几个长期合作的大客户，有没有WeChat、Facebook、WhatsApp，得到的回答都是："No, please e-mail directly.（没有，请直接发邮件。）"那么，发邮件究竟有什么好处呢？

首先，它能帮我们提高工作效率、平衡工作和生活。相信很多人都有同样的感受，QQ、微信等即时聊天工具的普及，为我们的沟通提供了很多便利，但也带来了不少烦恼。翻看一下自己的好友列表，是不是多数是客户、同事等与工作有关的人？工作侵蚀着我们的生活，两者早已合二为一，难舍难离，以至于我们连在业余时间发个微信朋友圈都要纠结半天。但邮件不一样，收件人完全由自己选定，阅读时间完全由自己控制，不仅能很好地保护我们的个人隐私，还能帮助我们条理清晰地规划阅读时间、节奏，做到工作就是工作，生活就是生活。

其次，订单的跟进与成交不是一朝一夕的工作，有时候要经历一个相当漫长的过程，如果不能定期进行归纳和总结，对之后工作的开展极为不利。邮件以其可以长期保存、随时反查、轻松分类的特点，成为协助工作回顾和总结的重要工具，远比其他社交工具更具优势。

再次，通过即时聊天工具进行沟通是有时间要求的，业务员最好在客户方便的时候与对方取得联系，如果联系的时间不合适，不仅很难得到回复，还容易引起对方的反感。与之相比，发邮件会方便很多，因为很多客户在工作时间之外是不会或很少打开邮件的，联系时间不合适，也不会对他们造成太多打扰。

最后，当就某件事情与客户发生利益冲突时，邮件更便于反查，就算诉诸法律，对邮件进行取证也比对其他即时聊天工具的聊天记录进行取证容易些，且邮件更具法律效力。

接下来这个案例，或许能让你更清楚地了解发邮件的重要性。

有一次，一个同事离职后，领导把他对接的最大的客户转给我来跟进。同事在工作交接时跟我说，这个客户目前有一个大项目在沟通中，样品已经确认，大货价格也报过了，只等下单。可是，同事离开后，我打开他的工作邮箱，发现邮件寥寥，什么信息都找不到，只得登录他的即时聊天账号，看能否从过往的聊天记录中找到一些关于订单的有价值信息。在聊天记录中，我确实找到了这一订单的报价单，但因为保存时效的限制，这张发送于一个月前的报价单已经失效，无法下载了。没有办法，我只能硬着头皮联系前同事，可因为时间已过去一月有余，他也不太记得报价单的具体内容了。

客户要的产品是特制的，价格需要经过领导核算才能确定，我只得以原材料价格上涨为由，跟客户说需要找领导重新核价。还好客户痛快地答应了，倘若碰到一个对价格极其在意的客户，说不定会引出更多的麻烦。

这些问题，原本是可以避免的。如果前同事能在报价之初就以邮件的方式将报价单发给客户,并在邮件中对客户的要求进行归纳总结,后续就会省去很多麻烦,同时也让客户感受到业务员的专业和靠谱。

后来,当客户问我以后沟通是用即时聊天工具还是发邮件的时候,我果断地说:"E-mail please.(请发邮件。)"因为我不想重蹈前同事的覆辙,更不想浪费时间做无用功。

综上所述,业务员要想更高效率地工作,就一定要懂得及时复盘、有备无患,不要图一时方便,给自己今后的工作埋下隐患。

6.3 牢记业务员的工作任务

每份工作,都有自己的工作任务,努力成单,是业务员的首要工作任务!

大家的时间都是宝贵的,很多客户都不喜欢在工作中闲聊私人话题,而且,越是大客户,越喜欢高效办公,就算偶尔聊一些与工作无关的话题,也不会涉入太深,点到即止。

多年的外贸从业经验告诉我,越喜欢闲聊的客户,订单往往越小、越杂。虽然就此判定"喜欢闲聊的客户都是小客户"不太客观,但是与他们中的大多数人沟通时,确实需要耗费业务员更多的精力和时间，这样势必会挤压业务员处理其他事务的精力和时间，当觉得自己的付出与收获不成正比的时候，能坚持下去的业务员有几个呢？成单需要时间，业务员的成长也需要时间，如果我们总是做一些偏离主航道的事情，延缓自己的成长，得不偿失。

6.3.1 不要进行没用的"闲聊"

找话题与客户闲聊的时候，业务员一定要明确自己的目的。看到这句话，肯定有业务员会说："找客户闲聊还能是为了什么？肯定是为了让他下单啊！"没错，成单是业务员的最终目的，但凡事都有一个循序渐进的过程，很多时候并不能一步到位。大家都知道，客户是需要不断跟进的，但并非每个业务员在每次跟进客户之前，都明确自己此次跟进想要达到的目标。

你是想通过闲聊让客户记住你呢？还是想提高你们之间的信任度？抑或是纯粹地想找一个外国人提高一下自己的外语水平？

事实上，我就犯过一个被目的不清的闲聊浪费大量时间的错误。当时，我刚刚成为业务员，有一个西班牙客户找我询价，发邮件报完价后，客户加了我的Facebook好友。刚开始，我们还会聊一些关于订单的事情，他也经常发一些自己正在做的工程项目给我看，但是，后来慢慢跑偏了。

他对我说，他懂西班牙语和英语，但是不懂汉语，觉得汉语挺难的，问我能不能当他的老师，教他说汉语，作为回报，他可以教我说西班牙语。对此，我竟然痛快地同意了，真的跟他学起了西班牙语。此后，我们很少再聊订单的事情，虽然他会用到我们的产品，但他从未通过我下订单,甚至连询价信息都没有了。再后来,他在生活中遇到了不开心的事也会来找我聊天,让我给他指点迷津,看起来,我们聊得挺走心,像好朋友一样互诉衷肠,实际上,我不断地消耗着自己的精力和时间,对业绩却没有丝毫帮助。更可怕的是,这种"朋友"关系,让我有一种不好意思谈工作、谈合作的感觉,而最开始,他明明是我的一个"潜在客户"。

通过这件事情,我悟出了一个道理:跟客户聊天,用心是必须的,但不能没有方向、失去目的地用心。与客户闲聊,不是为了交朋友,我们的目的是成单。如果既谈成了订单,又交到了朋友,那是一箭双雕,但切忌在闲聊的过程中被带偏了方向、浪费了时间。

从那以后,每次与客户闲聊,我都会在心里暗暗提醒自己,别被带偏了方向,哪怕是闲聊,我也得想办法往订单上聊。

接下来我要讲的这个客户名叫Matt,来自加拿大,是一个做工程项目的客户。外贸从业者都知道,"工程项目"带来的订单往往是超优质的大订单,因此,这个客户有很大的开发潜力。

2018年,我第一次在阿里巴巴国际站上收到他的询价信息,内容很多,信息长到看得我有点眼花,从中不难看出他的专业和健谈,是我喜欢的客户类型——如今,询盘信息的质量已大不如前,模板式信息居多,想要了解更多客户背景,必须花费大量精力,通过客户留下的蛛丝马迹去深挖和分析,因此,偶尔收到一两封不一样的询盘信息,业务员都会如获至宝,而像Matt这样,能用大篇幅介绍自己、介绍具体项目的客户,更是宝中之宝。与这样的客户合作,要求我除了具备足够的专业能力,还必须有一定的沟通能力,以便协助他为他的需求找到完美的实现方案。

　　建立联系后，我们相互加了微信好友。根据他的询价信息，我谈了自己的想法、推荐了相关产品，并在确认好产品细节之后报了价。得到报价后，Matt说需要样品做测试，但在我发了PI（形式发票）之后的很多天里，他都没有回复我的信息。数月之后，Matt才突然发来一封邮件，说要下样品单，总金额不过80美元。

　　在下样品单前的数月间，Matt没有再询过价，我也只是给他发过几封不痛不痒的跟进邮件；在完成样品单后，我们更是很久都没有业务往来。然而，一年后的某天，我突然收到了一封求助邮件，大概意思是Matt之前在一家灯具厂开模做了一款定制产品，后来决定改模具，但对方除了给模具涨价之外，还增加了对最小订购量的要求，这让Matt很不满意，决定更换供应商，希望我能帮忙。

　　原本，我只是一个备用供应商，Matt有固定的合作供应商。因为一次不愉快的合作，Matt决定更换供应商，便想到了我，而在此之前，他只通过我下过一张仅80美元的样品单！

　　当时的我简直受宠若惊，一般，有开模需求、做定制产品的客户，潜力都不小，更何况他还是做工程项目的！做工程项目的客户往往都有一个特点，就是对产品质量的要求远高于对价格的要求，因此，在选择供应商的时候非常慎重。在之后的沟通中，Matt也证实了这一点。

　　如此优质的客户，肯定不缺合作供应商，那么在有更换供应商的需求时，他为何偏偏选择了仅合作过一张样品单的我呢？这恐怕要从跟进样品单时，我们的一次微信闲聊说起。

我们进行过一次微信闲聊,内容如下。

I: I have received your e-mail and will get back to you later today after confirming more details.

Matt: No problem. Thank you for your informing me. I may reply late sometimes.

I: It's okay. I understand.

Matt: My new project involves a lot of different work, so I'm busy every day and I don't have any personal time.

I: If there's anything I can do for you, please be sure to contact me. I hope I can help you with your new project.

翻译注释:

我:我收到了你的邮件,会于今天晚些时候确认更多细节之后回复你。

Matt:没问题,感谢你的告知。我的回复有时候可能会比较慢。

我:没关系,我理解。

Matt:我的新项目需要做很多不同的工作,所以我每天都很忙,一点私人时间都没有。

我:如果有什么我可以帮忙的地方,一定要记得联系我。我希望我能为你的新项目尽一份力。

随后,Matt发来两张别墅的照片,说需要一些灯具,安装在这些房子里,几年前安装的灯具坏了好多,现在需要更换。

我看到后,立刻发了一句话:"So it happens that I can help you, I'm really happy!(那我刚好能帮到你哦,真的很开心!)"

紧接着,Matt告诉了我更多新工程的细节,在这个过程中,我们不自觉地聊起了房价。我说很多人喜欢在加拿大、美国等地买房,他说他在加拿大有两套房子,目前的项目是跟朋友合作进行的……聊天过程很愉快,沟通很顺畅,我也顺便了解了很多有关新项目的信息,知道了他的更多实际需求。

最重要的是,Matt觉得跟我聊天是一件很开心的事情!于是,在真的需要更换供应商时,他第一时间想到了我,让我们按照他的要求进行二次开模。这一次,仅开模费就高达4500美元,试订单金额更是超过了2万美元,是超级客户无疑了。

由此可见,跟客户闲聊要讲究方法和策略,你说出的每一句话,都应该为更好地成单做准备,而不只是打发时间。对业务员来说,无意义的闲聊,就是在浪费彼此宝贵的时间。

6.3.2　不要做客户眼里的"老好人"

我有一个朋友在做餐饮生意,开了一家小店,手艺不错,吃过的人都连连称赞,但奇怪的是,他创业了两次,也倒闭了两次。对此,认识他的人都感到不解,因为他很勤快,嘴巴也甜,见谁都是哥哥、姐姐、弟弟、妹妹、叔叔、婶婶、伯伯、大妈、爷爷、奶奶地喊着,好像全世界的人都是他的亲戚,去照顾他生意的人也不少,为啥不仅不赚钱,还倒闭了呢?直到我跟他有了深入交往,才明白了个中缘由。

别人做生意，是为了赚钱，他做生意则像是在做慈善，熟人、朋友光顾，他不是让人家免费吃喝，就是以成本价出售；陌生人光临，他也狠不下心多收人家的钱。对于自己应得的利润，他不好意思赚，哪怕自己的成本高于同行，也不敢在价格上有所体现。"大家的生活都不容易！"是他时常挂在嘴边的一句话，久而久之，可不得关门歇业吗？

有朋友说他傻，不知道他这样每天辛辛苦苦地做着无用功到底是为了什么，他则说这叫"交朋友"，别人一定会记得他的好，而且他向来秉承的理念是"为别人着想"。可是，他不知道，并非人人都会将心比心。做生意，是有成本的，自己付出了劳动、花费了心力、做出了美味佳肴，理应定一个合理的价格。诚实守信、童叟无欺，这没错，但也不能让顾客白吃白喝啊！生意做成他这样也是世间少有，自己忙前忙后、出人出力，到头来却是竹篮打水一场空。

听起来，这个故事很不真实，但我这位朋友真的像是生活在童话故事里，单纯至极。善良确实是一种美德，但凡事过犹不及，过度的善良会变成伤害自己的慢性毒药，并不值得推崇。

做生意的过程中，不管你付出的是时间，还是金钱，都叫成本。既然消耗了成本，为别人提供了价值，就理应收取一定的费用，这样才合情合理。

回到外贸工作中，业务员所做的事情，就是与客户做生意，你付出的所有时间、精力，都应该在心里估一个值，有一个"明码标价"。这听起来似乎有些不近人情，但是只有这样，你才能与值得合作的客户保持良好且长久的合作关系。

我不知道在实际工作中,大家有没有做过"吃力不讨好"的事情,我做过,接下来就给大家讲一讲。

我遇到过一个德国客户,之前从未合作过,有一天,他通过阿里巴巴国际站找我询价,待我报完价,他提出了一个附加要求,即由我帮他在中国代买一些品牌类的电子产品,说只要我帮了这个忙,就会通过我下单。

当时,我入职不久,没有客户资源,好不容易得到一个潜在客户,当然不想错过。于是,我答应了他的要求。

我用了两天的时间,帮他找到了他想要的产品的供应商,并按实价报给了他。可是,结果并未如我所愿,办理这些品牌产品的出口业务需要各种资质,而我所在的公司因主营业务方向与之不同,无法为其办理出口。

在我把这个消息告诉客户后,他便消失了,之前说好要通过我下的订单也不了了之。我忙了好几天,什么业绩都没有,客户也并没有因为我的"付出"而对我心怀感激。

自此之后,我便明白了一个道理,面对客户,该帮的忙要忙,不该帮的忙别轻易插手;对于值得帮的客户,要帮,对于不值得帮的客户,不要不好意思拒绝,把精力和时间用在值得的事情上,才能得到真正的成长。

前不久,一个关系不错的老客户找我咨询一款灯具,这款产品我们做不了,但我告诉他,我可以帮他找一个供应商,并负责为他代购,作为交换,我需要收取一定的报酬,客户欣然同意了。

于是,我经过认真评估,选定了一家能做那款灯具的供应商,询问了价格、交期后,为确保质量,我还要求对方提供了几个样品,随客户在我的公司下的订单一起寄给了客户。如此举手之劳的忙,当然得帮,而且,值得帮的忙,我义不容辞。

客户认可了我代发的样品的质量后,在给客户提供的产品报价单上,我加了一定的利润,并明确地告诉了客户具体情况和佣金金额。客户认可后,我自然地承担起了自己的责任——作为与客户直接对接的人,若供应商或产品出现任何问题,我必须站在客户的立场上,代为处理和解决。

因为客户支付了佣金,所以对于此事,我必须全程跟进与负责,相反,如果我只是免费帮忙,那后续出现任何问题,我都没有义务协助解决。千万别觉得这看似省了很多麻烦,其实,免费帮的忙潜藏着巨大的风险。倘若后续真的出现问题,客户无法与对方直接理论,势必还会找我这个中间人。当所谈事务涉及损失、客诉、赔偿等问题的时候,我的处境会很艰难,不管能否完美解决问题,都一定会耗费我大量的时间与精力。

如果我收取了佣金,也算是让所付出的辛苦产生了一点价值;如果我什么都没有得到,还承担了可能因此影响我与客户良好的合作关系的风险,我做这些事的意义何在呢?无端消耗的时间,还找得回来吗?

做外贸工作的这些年,我自认为与客户的关系处得不错,因为我心里很清楚,在我与客户之间,商务伙伴关系始终凌驾于朋友关系之上,客户在意的,是利润、是质量、是服务、是交期,如果哪一天,他的利益受损,再好的朋友关系也可能不复存在;而只要我真心为他考虑，维护他的利益，关系一定是稳定的。

面对客户，好心可以，但别做"老好人"，别被客户的一句"you are so nice（你真是太好了）"动摇了立场。

在这方面，我的领导曾经给我上了一课，与大家分享。在一次客诉过程中，一个长期合作的客户因为自己的失误造成了一些损失，我帮他解决了问题，并在自身利益不受损害的情况下成功说服领导帮其承担了一半损失。领导同意了我提出的解决方案后，语重心长地跟我说："我们帮他承担一些损失，可以，但是你一定得让他知道，这个错并不是我们造成的。要让客户对我们心存感激，而不是认为我们所做的一切都是理所应当的，只有这样，合作关系才能更加稳固，以后才能得到更多的订单。"

我深以为然，也由此记住了要做"好人"，而非"老好人"这件事。

第 7 章
外贸展会全攻略

参加展会,是外贸公司获取客户的渠道之一,或多或少,几乎每家外贸公司都参加过外贸展会,不管是国内展,还是国外展。参加外贸展会,不是报名后按时到场就可以了,还需要做一系列准备工作。本章,我们就来了解一下参加外贸展会的"攻略"吧!

本章主要涉及的知识点

◎ 参展前的信息调研、展会策划

◎ 如何让参展不虚此行

！注意

在与客户的沟通中,做好充分的准备工作才有更大的成单可能性,参展也一样。

7.1 参展前的准备

参加展会是一项系统工作,要想顺利参展并完成参展目标,就一定要在参展前的准备工作中做到事无巨细。

在公司产品有上百种甚至上千种的时候,该如何挑选参展样品?哪些产品是客户最感兴趣的?展会需要怎样策划,才能给客户带来耳目一新的感觉?参展人员需要提前做哪些准备工作?这些都是外贸公司在决定参展后需要考虑的问题。

7.1.1 怎么做市场调研

做市场调研,就是了解参展客户的喜好,知己知彼,方能百战百胜!拿全彩灯具行业来说,不同地区有不同的偏好产品,不同展会也有不同的主题,那么,在选择产品时,就不能仅考虑工作人员的主观喜好,而是要从实际出发,选择最适合的产品。

在展会上,如果只是单纯地把产品展示出来,未必能达到预期效果,但是如果能根据展会所在地区客户的偏好,将灯具做出不同的造型,可能会事半功倍。

我与客户探讨过"在展会上,该如何向客户展示产品"这一问题,当我询问客户"在展会上,你见到了用灯具做出的各式各样的造型,会很惊喜吗"时,他们无一不表现出了极大的兴趣。

我的这个想法,产生于2017年参加的一次德国展会。当时,给我留下深刻印象的是一个非常特别、用灯具模组做出来的汽车造型。这一造型出自一家做灯具模组业务的深圳公司，展会上，很多外国客户被吸引，走到他们的展位前驻足观看、连连称奇，连我这个同行都赞叹不已，忍不住想多看几眼。

产品再好，对客户没有吸引力，参展效果也会大打折扣。因此，参展前，一定要对展会所在地区的客户做详细的市场调研，了解客户对什么产品感兴趣，再利用自家产品的优势吸引客户。

那么，具体应该怎么做市场调研呢？还是以灯具为例，为大家介绍两种最简单的调研方法。

如果是去欧洲参加展会，业务员可以对合作过的欧洲客户的订单信息加以整理，筛选出他们最喜欢的产品，并按受欢迎程度进行排序，这是业务员能拿到的第一手资料，也是最简单、最直观的市场调研方法。

还有一种大家熟悉的市场调研方法，就是利用海关数据获取信息。根据海关数据，可以对目标市场的客户进行有效的分析，了解自家产品的市场前景，以及本公司在同行中的竞争优势，这样，就不至于因盲目参展浪费时间和机会了。

完成市场调研后，业务员可以根据每款产品的特点、优势，设计一些造型别致、具有中国特色的小物件，参展时摆在展位上，用来吸引客户。也可以筛选几款在目标市场上受欢迎但货值相对较低的产品，多备一些样品，届时提供免费样品给购买意向较强烈的客户进行测试，以希望得到他专业且宝贵的反馈为由，当场获取客户的联系方式，方便后续跟进。

总之，对于同样一款产品，是否进行过精心设计和包装，会呈现完全不同的展示效果。如果没有进行任何设计和包装就直接将产品展示给客户，对客户的吸引力会大打折扣。尤其是全彩灯具，结合控制系统，能够展现产品的独特优势，何乐而不为呢？想获取客户的关注，就必须独出心裁。

不过，独特的展示不是哗众取宠，必须以市场为导向。因此，做好市场调研就显得尤为重要。

7.1.2 怎么做展会策划

据我观察，很多外贸公司，根本没有做过或者没有做好展会策划，就草率地参了展，结果没有通过展会得到任何实质性的订单，也没有有效结交到新的合作伙伴，浪费了难得的机会。

这些外贸公司，参加展会的流程往往是这样的——

首先，选定展会（以国外展会为例）。公司领导选定某个国外展会之后，没有人对参展进行详细规划，只是提前告知业务部门，会参加这样一个展会，让各团队选出一人作为参展代表，上报信息，以备提前办理签证。

其次，邮寄展品。展品经常在没有跟业务部门或参展人员沟通的情况下，就由行政人员直接根据自己过往的经验准备好并邮寄到国外，然后提前一个月办理相关参展手续，坐等"东风"到来。

再次，收集名片。参展中，业务员机械地把获取客户名片的数量当作判定此次参展成功与否的标准，没有提前制订切实可行的合作计划，只是对客户感兴趣的产品进行简单的记录。

最后，分发客户。回国后，不管参展业务员与客户在展位上谈得如何，客户名片大概率会被领导无差别地以团队的名义随机分发给不同的业务员进行跟进。

流程如此，结果可想而知，效率并不会高于通过网络开发新客户，被千里迢迢带回的名片，甚至会被不了解情况的业务员随手丢弃。

不得不说，一个好的展会策划，不仅可以帮助公司业务员明确参展目的，还可以有效提高参展效率。

我们耗时、耗力、花费大量金钱，千里迢迢地去国外参展，若不尽力把自己公司及产品的优势展示给全世界的客户，就太得不偿失了。

如今，越来越多的外贸公司开始重视展会策划，但因为缺乏专业的策划人员，往往会把这个任务交给业务员，而业务员有自己的本职工作要做，再加上大部分人并没有去国外参展的经验，所提出的建议不是过于稚嫩、不成熟，就是太主观、想当然，很难完成任务。

公司内部缺乏负责统筹策划的领导，对于准备参展的外贸公司来说，无疑是一件非常糟糕的事情，但与此同时，这也是普通业务员提高自己、崭露头角的好机会，接下来，我们就来了解一下做展会策划的要点。

想做好展会策划，首先，要明确参展的目的；其次，要根据此次的目的，安排相应的行程、设计展位。

先说第一点，明确参展的目的。我在参展的时候与其他公司的参展人员进行过交流，了解到如今外贸公司参展的目的大致可分为以下四种：宣传公司的文化，打造良好的公司形象；推广公司的新产品；了解市场动态和客户需求；通过会面，与新老客户建立密切联系。

在7.1.1小节中，我提到了一个德国展会，当时，我参展的目的只有一个，那就是与客户建立密切联系，谈成一个来自某比利时客户的大订单。

去德国参展之前，我已经和这位客户在国内见过一次面，并在会面结束后，进行了第一次样品生产。客户测试完样品后，决定在样品的基础上进行一些细节改动，这涉及很多专业知识，如果由我在双方的技术人员间传话，不仅会影响谈判进度，还容易在传话过程中因理解偏差导致出现失误，因此，双方的技术人员最好能有一次面对面沟通的机会，大家直接把所有问题聊清楚，既不易出错，又高效快捷。

带着这一目的，我参加了德国展会，并与客户的团队在展会上就第一次样品的优点及不足展开讨论。遇到一些需要我方技术人员确认的细节和参数时，我们立刻通过远程视频会议的方式进行沟通，大大缩短了谈判的时间，效率也得以明显提高。通过展会中几个小时的长谈，双方达成了统一意见，回国后，我第一时间安排了第二次样品生产，最终，成功获得了这张价值九万美元的大货订单。

虽然在那次德国展会上，我得到的客户名片不是最多的，但是我成功沟通了一个大客户，谈成了一个大订单，也算是不虚此行。

接下来，我们说第二点，即根据参展目的，安排相应的行程、设计展位。这是需要集公司所有人的智慧完成的事情，但很多公司是"一言堂"，领导说怎么安排，就怎么安排。我曾经在展会上路过一家外贸公司的展位，参展的只有一个人，展位布置特别简单，就是把几幅产品海报贴在展位上。

当时，我很诧异地问那位工作人员："你们的展位布置是不是太简单了一点？"

对方说："本来就没打算准备什么，只是来混个脸熟。现在，展会的效果越来越差了。"

诚然，如今网络发达、线上联系便捷，展会的效果确实无法和以前同日而语，但是用这样的态度对待展会，大有问题。与其这样敷衍地参加展会，不如把用在展会上的时间和金钱用在别的地方。

那次，参加同一个展会的还有很多外国企业，他们的参展态度与这家外贸公司形成了鲜明的对比。很多外国企业为了展示自家产品的优势和特点，可谓煞费苦心，采用各种手段吸引客户，比如设置小游戏和抽奖活动、准备一些印有公司LOGO的别致礼品、在展位前备上特色点心等，为自己的展位增加人气。

我参加展会时也用过类似的手段，确实有效果。比如，很多国外客户对有中国特色的小物件特别感兴趣，但是在国外购买不是太贵，就是不正宗，于是，出发参展前，我在国内选购了不少物美价廉的国风小物件，展会中根据客户的喜好送出礼物。俗话说，吃人的嘴短，拿人的手软，他们收了我的礼物后，我再向他们索要联系方式或者请求合影，一般不会被拒绝。而对于提前约好要在展会上见面的老客户，我也会备上"神秘厚礼"，看到我不远万里给他们带来的礼物，他们自然无比欣喜和感动，后续的合作沟通随之更加顺畅。

总之，参展之前，不管公司有没有提要求，参展业务员自己都应该提前做一些准备工作。就像古时的艺人在街边卖艺时要先敲锣打鼓一样，先想办法把客户吸引过来，再用产品和服务留住他，才是参展的意义所在。

7.1.3 参展人员需要准备些什么

我曾经听不少被选中参展的业务员说,反正是公司要求参展的,听从公司的安排就可以了,自己什么都不用准备。而参展时,一般公司会派一个或多个经理或主管带队,参展业务员只需要按带队领导的要求,带上宣传彩页、样品、名片、相机、电脑等参展必备品即可。

是不是真的如此呢?如果你只是简单地完成"参展"任务,这样或许足够;如果你想通过参展得到更大的提升和成长,那么,我建议你至少还要自己准备以下材料。

1. 详细的报价单,以及产品目录、简介

可能有业务员会说,这个还用自己准备吗?团队里一定会有专人负责携带!话虽如此,但展会上人多手杂,难免会碰到找不到所需材料的情况,业务员最好自带几份,以备不时之需。

我第一次参展时,因为过于激动,在一个客户问我一款常规产品的价格是多少时,我迟疑了半天,愣是回答不上来。在身边怎么也找不到产品目录及报价单的情况下,我只能以数量越多,折扣越多,需要根据具体订单进行报价的理由搪塞客户,非常尴尬。

难得参加展会,一定要进行万全的准备,不要留下遗憾。在展会现场,什么事情都有可能发生,业务员要做的就是尽可能将材料准备齐全,防患于未然。

对于报价单,我建议业务员准备一份最详细的、带阶梯价格的,以便在客户问起时给予对方快速的回应。而对于产品目录,我建议以方便客户携带为前提,不要准备那种像纸质书一样的产品目录,又重又不好携带。

说到这里,我又有个充满教训的案例可以与大家分享。我任职的公司第一次参加国外展会时,领导和业务员都没有经验,为了邮寄一本本厚重的产品目录到德国,公司仅支付邮费就严重超了预算。原本以为所准备的产品目录会不够用,结果在展会中发出去的寥寥无几,有一些客户象征性地接过去,没走多远就扔了;还有一些客户,看到厚厚一本"书",连接都懒得接,直接摆摆手,留下一句"No, thanks(不,谢谢)"就扬长而去。

整三天,二百多本产品目录,竟然连一半都没有发出去,剩下的当然不可能支付更多邮费寄回国内,只得在展会结束之后全部丢掉。

吃一堑,长一智,再参加国外展会的时候,我们做了折叠款的产品目录小册子,小巧轻便、易于携带,不仅节约了不少制作、邮寄成本,愿意将其放进口袋里带走的客户也更多了。

2. 笔记本、订书机等

笔记本,是方便业务员做记录的,参展时,来往客户很多,业务员很难将每个客户的需求都记得清清楚楚,这时候,笔记本就派上了大用场。

除此之外,我建议业务员在对客户的要求进行了详细记录后,跟每个来访客户合影,并把照片洗出来,用订书机订在笔记本中相关记录的旁边。这样做,既能加深自己对该客户的印象,又方便后续有针对性地跟进,不至于张冠李戴、搞混客户。

有些业务员觉得,这些东西没必要带,在当地买就可以了。说实话，在人生地不熟的地方，找洗手间都难，更何况找文具店，与其到时费时、费力、费钱，不如提前准备好。

3. 公司的详细介绍 PPT 和认证报告

参展之前，业务员最好准备一份公司的详细介绍 PPT，以便全面、直观地展示公司的实力。

客户对供应商的评价是全方位的，初次打交道时，如果客户能通过图片、视频等材料，对供应商规模有一个直观印象，非常有利于后续开展合作。

作为能同时包含文字、图片、视频的软件，PPT 在信息呈现方面有无可取代的优势。在展会上，与其滔滔不绝地向客户描述公司有多好，不如直接展示一份详细的 PPT，简单、直接、有说服力。

而认证报告，是证明公司产品质量的专业文件。很多业务员喜欢夸自家的产品，但在客户询问相关认证报告的时候，支支吾吾地拿不出证据，这样怎么取信于客户呢？

所以，参展的时候，请务必带上所有产品的认证报告，原件或复印件均可，以便满足有不同需求的客户，这才是展示产品质量最有力的证据。

总之，如果公司指定的参展负责人在一些细节上做得不到位，参展业务员要及时进行优化和补充，不要在因准备不足而失去潜在客户时才追悔莫及。

对于业务员来说，参展是一次很好的学习机会，比得到数十张名片更重要的，是通过与同行的交流，总结经验，学习对方的优点和长处，为我所用，持续进步。

7.1.4 怎么邀约客户

参展需要提前准备，邀约客户也同样如此。参展前，业务员要根据客户的实际情况，提前拟定邀约客户的名单，一一发送邀约。

那么，对于不同类型的客户，具体应该如何邀约呢？本节就从邀约老客户和邀约潜在客户两方面入手，谈谈正确邀约客户来参展的方式。

1. 老客户的邀约

有的业务员可能会觉得，与老客户已经非常熟悉了，不用进行正式邀约，直接告知对方展会的时间、地点，以及自己的展位就可以了。这种想法忽略了一点，那就是没有考虑到客户有没有时间参展的问题。

如果客户方的对接人本身就是公司负责人，时间自由，或许还能在你给出时间、地点后来展会上逛逛，见一个面。可是如果客户方的对接人只是一个普通的职员呢？能不能参展恐怕不是自己说了算的，这时就需要合作伙伴提供正式的邀约，以便向公司报备行程。另外，业务员想与客户见面时，客户是否有同样的意向也需要被关注，毕竟大家的时间都是宝贵的，正式的邀约，比随口一提更能得到重视。

正式向客户发出邀约前，业务员还要考虑一个问题，即客户有必要去参展吗？业务员邀约客户去展会的目的是什么？只是单纯地想跟客户见见面，还是有具体的项目要谈，抑或是最近出了一款还未发布的新产品，想让客户提前了解一下，并给予专业的建议……这些都是业务员在邀约客户之前就应该想清楚的。

我知道，很多业务员在邀约客户参加展会的时候，是没有经过慎重思考的，也没有针对每个客户的具体情况，给出不一样的邀约理由。因此，有时候，业务员满怀期待地向客户发出邀约，结果对方根本不予回复。

如何给客户一个让他无法拒绝的邀约呢？以下这封邮件供大家参考。

Dear Alex,

So glad to tell you that we are going to have a fair in September, 16–19th. I cannot wait to see you in France. Besides, I think it's a good opportunity for both of us to meet in person. We can discuss more details of the current project we are talking about now face to face.

I'm looking forward to meeting you soon！

Name: IAAPA EXPO EUROPE

Date: 16–19th, Sept.

Booth: 1208

Location: Paris, France

Address: 1 Place de La Porte de Versailles, 75015 Pairs, France

Kindest regards,

Elisa

翻译注释：

亲爱的亚历克斯

很高兴地告诉你，我们将在9月16日至19日参加一个展会，我迫不及待地想在法国见到你。我认为这是我们两个人见面的好机会，我们可以面对面地讨论我们当前正在沟通的项目的更多细节。

期待很快与你见面！

名称：IAAPA EXPO EUROPE

日期：9月16日–19日

展位：1208

地点：法国巴黎

地址：1 Place de La Porte de Versailles, 75015 Pairs, France

致以最诚挚的问候，

伊莉莎

2. 潜在客户的邀约

准备邀约潜在客户时，业务员要提前进行评估。对于合作意向比较强烈、已经明确了需求的潜在客户，业务员要根据每个客户的具体需求，写一封定制版邀约邮件，表达自己的诚意；对于合作意向尚不明确的潜在客户，业务员可以根据沟通情况，酌情处理。

我个人认为，没有必要邀约太多客户来参加展会，毕竟展位的空间和业务员的精力都有限，想把每个客户都联系到，势必会如紧握手里的沙子，握得越紧，越无法兼顾，反而流失更多。不如把有限的精力用在潜力更大的客户身上，事半功倍。

总之，做任何事情，都需要用心。邀约客户来参加展会，不是简单地发一个邀约函那么容易。正所谓"台上一分钟，台下十年功"，想让客户来，就必须给出人家应该来的理由；想要通过展会达到展示产品的目的，不如多多开动脑筋，想想怎么做才能吸引客户的目光。

把精力用在该用精力的地方，把时间用在该用时间的事情上，不需要管别人如何对待展会，做好自己该做的，结果总不会太差。

7.2 让参展不虚此行

我第一次参加展会的时候，一直在自己的展位上忙碌，生怕错过任何一个有合作意向的客户，对于其他参展公司的情况毫无关注。而同行的业务员R，在展会结束之后，竟能清楚地说出此次参展的各位同行的展位分布、主推的分别是什么产品、有哪些展品设计很受客户青睐……当我从她口中得知这些信息时，不禁大吃一惊。

在此之前，我一直认为参展时最重要的是好好守着自家展位，给客户提供优质的服务，尽可能多吸引客户，从未想过去同行的展位逛逛，而同事R告诉我："参展是很难得的学习机会，可以让我们清楚地了解到行业内最新流行趋势，知道同行最关注什么，知道哪些产品在市场上比较畅销，由此，我们可以获取灵感，进而更好地升级自己的产品，不至于被市场淘汰。"

是啊！虽然如今可以便捷地通过网络或海关数据了解行业基本情况，但是那些信息都是被相关数据分析人员整理好再上传的，相对比较滞后，无法帮助我们把握先机。平时，业务员们多数时间忙于琐碎的工作，处于"自我封闭"的状态，最多通过客户询价了解市场动态，极少有机会可以与同行面对面切磋，更难以掌握有关市场变化的第一手资料。参展不一样，毕竟参展一次不容易，谁不努力把自己最新、最好、最受欢迎的产品展示给全世界呢？通过展会了解行业最新动态，太直观、太高效了！

因此，参展时，不妨多去其他公司的展位逛逛，和同行聊聊，这会是一次难得的学习机会。

7.2.1 如何了解同行

有的业务员可能会说，展会一般仅持续两三天时间，大家都很忙，根本没有时间离开展位，怎么了解同行呢？

我依然用前文提到的同事R来举例，她是一个资深业务员，每次参加展会回来，都对竞争对手和目标客户的参展情况了如指掌。同事们都很奇怪，不知道她到底是怎么做到的，只知道参展的时候，她总是比任何人都忙，基本没有坐下来休息的时候。

有一次展会，我与她同去，发现参展三天，她只有第二天全程站在自己的展位旁迎接来往客户，第一天和第三天，她不是在别的公司的展位前与客户或同行谈天说地，就是东逛逛，西逛逛，看似无所事事，实则在认真地观察其他展位的布置特点和所展示的产品。

那次展会的第三天，展会临近结束时，我们的展位上还剩余很多未卖出的展品。因为将展品带回国内的运输成本太高，扔掉又太可惜，所以领导下了一个命令：必须把展品全部卖出去！他要求来参展的业务员各自展示自己的销售本领，看谁卖出去的展品最多。

我和另外一个同事你看看我，我看看你，都觉得这是一个不可能完成的任务。正当我们为难之时，R带来了两个客户，直接把挂满展品的展板给他们看，并用不太标准的英文说道："One board is 100USD please.（一块展板100美元。）"没想到，那两个客户什么都没问，就乐呵呵地掏出了美元。

后来我才知道，那两个客户，一个是其他外贸公司的合作客户，另外一个则是参加展会的外国同行。

这件事情，让我见识到了真正厉害的业务员是如何成单的，人外有人，天外有天，我们以为不可能办到的事情，在她那里如此轻而易举。

表面上看，她闲逛了两天，实际上，她一直在暗自"寻找猎物"——我们不能只把同行看成竞争对手，要知道，他们也可能是与我们关系最密切的潜在客户。业务员不应该错过任何一次可能成交的机会！

实践是检验真理的唯一标准，对于业务员来说，参展就是最好的实践。既然如此，就不要只局限在自家展位旁，要学会"耳听六路，眼看八方"，多去同行的展位逛逛，看看别人是怎么接待客户的，又是怎么跟客户沟通的，看看同行的产品与我们的产品有何不同。学习别人的长处，取长补短，方能不断收获成长。哪怕只是借着难得的出国机会，与国外的同行闲聊两句，说不定也能收获惊喜，比如互留一个联系方式，未来找机会建立合作。

7.2.2 如何向客户搭讪

培训新入行的业务员时，我总是建议他们尽快提高自己的表达能力，因为根据经验，相较于唯唯诺诺的婉约派业务员，不卑不亢、直面客户的业务员更能得到客户的青睐。

曾经，我也是一个不善于表达的业务员，总怕自己说错话，成为别人眼里的笑话。刚开始接触外贸工作的时候，面对客户的询价，我总是借助翻译软件，一句一句地翻译准备发给客户的回复，不仅回复客户的速度慢，还很生硬，带给对方的体验很不好。直到有一天，我得到了一个客户的"点拨"，才恍然大悟，原来，在实际沟通中，我们真的没必要把每一句英语都表达得合乎语法规范，语言只是沟通交流的工具，只要买卖双方能相互明白对方的意思就可以了。

后来，只敢说YES和NO的我慢慢克服英语口语水平欠佳带来的心理障碍，开始与前来拜访的客户进行更多的交流，哪怕英语口语表达依然不流畅，也绝不怯场，辅以肢体语言，坚定地认为只要客户能理解我所表达的意思就可以了，竟然收获了意外之喜——有客户忍俊不禁，夸我让他们"耳目一新"！

想达到这种"境界"，只需要给自己树立一份"自信"！

回到参展的场景中，参展时，业务员不要总是毫无存在感地站在展位旁，等待客户咨询，而是要学会主动出击。在客户走到自己的展位前时，业务员不妨主动上前，笑脸相迎，礼貌地问一句："Hello, sir, can I take you a minute to learn about our products?（你好，先生，我能耽误你一分钟时间，帮你了解一下我们的产品吗？）"只要对方接你的话，你就向成单迈进了一步。

由于自身英语表达能力的欠缺，有些业务员担心主动搭讪后会出现冷场的情况，其实完全不用有那么大的压力，业务员可以顺着客户的回应，延伸一些他可能感兴趣的话题，通过几句无伤大雅的玩笑，让彼此慢慢放松，再逐步完成从陌生到熟悉的过渡。而且，展会上的交流，不需要使用太多复杂的商业术语，搭讪的表达很简单，被拒绝了也没关系。比如，当业务员说"Can I help you?（有什么我可以帮你吗？）"时，客户回答："No, thanks.（不用，谢谢。）"业务员不要真的就不理客户了，此时可以把手中的产品目录递给客户，并笑着说："Please have a look, you may love it.（请看一下，没准你会喜欢。）"或者递上自己的名片，说："This is my business card, if you need something in the future, please contact me directly.（这是我的名片，如果你将来有什么需要的话，请直接联系我。）"

综上所述，在展会上和客户搭讪，不需要太高超的沟通技巧，你只需要做到两件事。第一件，带上微笑；第二件，勇敢地走向对方，自信地告诉他："Hello, friend, it's my pleasure to do something helpful to you if possible.（你好，朋友，如果可能的话，我很乐意帮助你。）"

俗话说得好，伸手不打笑脸人，客户没理由对如此礼貌又如此自信的你视而不见。

7.2.3 如何接待来访客户

首先，业务员要知道，并不是每一个前来展位咨询产品信息的人最终都能成为我们的客户，就像我们去商场试了很多件衣服，并不一定都买下来一样，所以，不怕被拒绝，是接待来访客户必备的心理素质。工作时，业务员要及时调整好心态，不要因为遇到一点挫折就心灰意冷。

其次，业务员要努力展示自己的热情。业务员的热情其实是很容易感染客户的，在你大大方方地向客户表达友好的时候，他们也会快速进入良好的沟通状态，当良性沟通由此展开，彼此间的距离感也就慢慢消失了。

我负责指导的一个外贸新人曾经这样问我："为什么每次你的客户来访，你都有那么多话跟他们说，我就不行呢？"

我说："不是你不行，是你不够热情。"

很多新手业务员在接待客户时，都表现得极为胆怯，生怕自己说错话、做错事，生怕客户提出自己解决不了的问题……其实，只要事先做好充分的准备工作，业务员完全不用顾虑太多，在客户到来之前调整好心态，给自己打打气，大大方方、自信从容地面对客户即可。在展会上接待客户也是一样的。

再次，业务员一定要知道客户最在意的是什么，也就是我一直强调的要学会换位思考。在与客户沟通的过程中，业务员要认真了解和挖掘客户的需求，只有多帮客户解决实际问题，才能快速获取客户的信任。

需要注意的是，在没收获客户的信任之前，业务员不要一味地谈论自己的产品和公司，那样只会得到客户的反感。真正高明的业务员都是先推销自己，因为跟客户打交道，本质是人与人之间的博弈，想让客户购买自家产品，不妨先让他信任自己，一旦成功地建立了信任，成单也就水到渠成了。

最后，在展会上接待来访客户时，最重要的一步是留下对方的联系方式，方便日后跟进。

对于在展会上表现出了明确的合作意向且沟通得不错的客户，建议业务员当天晚上就再次联系并发送详细的产品资料，在客户对你还有印象的时候趁热打铁，回复率和成交率会大大提高。

7.2.4　如何拜访老客户

对于外贸业务员来说，平时与客户面对面沟通的机会不多，多数是通过邮件或即时聊天工具保持联系，在这种情况下，有几个多年保持合作关系的老客户显得尤为珍贵，因此，若有机会跟他们面对面交流，当然是不能错过的。

趁着赴国外参展的机会拜访一下老客户，这也是不少外贸公司参加国外展会的主要目的之一。注意，拜访老客户，也不是说去就去的轻松事，去之前，还需要做一些必要的准备工作。

一般情况下，参展时间有限，展期通常只有两三天，就算业务员能多在国外逗留几日，最多也只有一周左右的时间，并非每一个合作客户都能拜访到，这就需要业务员有所选择。

我建议，业务员在确定会去某个国家参加展会后，立刻把该国所有的在合作客户、潜力客户整理一遍，通过邮件或即时聊天工具将自己的具体参展时间和地点告知客户，郑重地向他们发送邀约函。

收到回复之后，对于应约来参展的客户，业务员可以为每人准备一份贴心的小礼物，以表心意；对于无法应约参展但极具价值或有问题亟待解决的客户，业务员要重点筛选出来，在时间允许的情况下,亲自登门拜访。

极具价值的客户,包括下单量大、返单率高、目前频繁合作的重点客户,这类客户是每个决定拜访客户的外贸业务员首先考虑的对象;有问题亟待解决的客户,指的是那些原本合作得不错,但因为发生了客诉或出现了产品问题,中止了合作的客户,线上沟通与线下沟通是有很大区别的,若能趁此机会与客户修复关系,再次建立联系,不失为一件互惠互利的事情。

对于如何向客户提出登门拜访的请求,我个人建议如下。

首先,把参展的时间、地点、停留天数告诉客户,说明自己好不容易来一趟,想借此机会去拜访他,不知他是否方便;

其次,若客户同意会面,就商定会面的时间、地点,提前做好功课,准备一切必要的谈判资料;

最后,给客户准备一份贴心的"见面礼",表达自己的诚意。俗话说得好,礼多人不怪,不管礼物贵贱,心意无价。

倘若客户拒绝会面,也要表示理解,同时表达自己的遗憾之情,希望下次有机会再见。

另外,拜访客户前,除了准备必要的商务资料和小礼品,业务员还要尽可能多了解一些当地的风土人情,以免因准备不充分闹出笑话或无意中做出让客户不高兴的事情,那就得不偿失了。

第 8 章
成单实例解析：意外的惊喜

有人问我："你为什么选择从事外贸相关工作？"首先，当然是因为热爱，热爱带给我源源不断的动力和激情，让我可以不忘初心、砥砺前行。其次，是因为成就感，成单带来的成就感，让我感觉到了自身存在的价值。

从业以来，虽然一路跌跌撞撞，但我从未想过放弃。选择从事外贸相关工作，靠的是一时冲动，却也是我人生中最正确的选择。

在与客户打交道的过程中，我始终坚信，播种了什么，就会收获什么！你给予客户的真诚，都会化成惊喜，悄无声息地回到你的身边。

在本书的最后一章，我想通过五个真实的客户故事，讲讲那些让我意外的惊喜和感动。

本章主要涉及的案例

◎ 巨额订单"从天而降"

◎ 来自大洋彼岸的礼物

◎ 迟到的付款水单

◎ 消失已久的客户，又返单了！

◎ 不知来自何方的"无名询盘"

> **注意**
>
> 要对生活有期待，生活会还你以惊喜。

8.1 巨额订单"从天而降"

这个案例的主人公名叫Ali，来自比利时，是一位健谈且为人和善的励志大叔。Ali从20岁开始打拼，如今名下已有三家公司，梦想着有一天提前退休，带着家人周游世界。

结识Ali的过程充满偶然。起初，Ali的合作伙伴Willy发来询盘信息，点名找Elisa，我的领导收到后，以为是我的客户，就直接把询盘信息转给了我。那时，不管是Ali还是Willy，我都不认识，也许他们只是在用我在1.1.3小节中讲到的技巧寻找供应商。

接手这个客户后，我像往常一样，按对方的要求报了价，没想到订单总金额高达百万美元！震惊、忐忑之余，我决定打起十二分的精神跟进这一客户，尽最大努力成单。

两天后，我接到Willy打来的电话，得知他的合作伙伴Ali要来中国与我面谈。放下电话，我立刻以邮件的形式，确认了Ali的来访时间。

Ali本计划先去香港，然后转来深圳，但因为他是第一次来中国，不知道进入内地需要办理签证，过港口的时候被拦了下来。迫不得已，他给我打了电话。于是，第二天一大早，我便去了香港。

第一次在香港会面，我们用了大概三个小时，谈论有关订单的各种细节问题。会面结束后，我拿出了很多提前准备好的常规产品的样品，让Ali带走进行测试，Ali直夸我周到又认真。

临别之际，我向Ali发出邀约，说10月份我们会去德国参加展会，希望能在德国看到他。Ali表现得很热情，说自己开车去展会不过两个小时的车程，到时一定会光顾。

回国后，Ali兑现了自己的承诺，第一时间支付了样品费，而我们的合作也正式开始：第一次定制样品进入生产环节！

2017年10月，在德国展会期间，我果然见到了Ali和他的团队。他们一行四人，专门来到我所在的展位与我打招呼，因为有了上一次愉快的会面，异国他乡，见到他，我突然有一种见到亲人的感觉。

在这次展会上，我们探讨并确认了第一次样品需要改进的地方，也谈妥了大货交期等相关事宜。回国后，我便开始安排第二次样品的生产。

2017年11月中旬，样品完工。

2017年12月初，经过双方技术人员的数次沟通与交流，我们对样品进行了再一次改良，确认了大货生产图样。为了使大货得到更完美的呈现，秉承着对客户负责的理念，我们主动要求在大货生产前进行一次大货样品的免费生产，确认无误后再做大货。

2017年12月底，大货样品完工，得到了Ali及其团队的一致认可和肯定。

2018年年初，300套大货订单如期完工。

2018年1月22日，Ali亲临深圳，进行验货。验货期间，"Perfect（完美）""It's great（太棒了）""Good job（干得不错）"等称赞让我喜出望外，数月以来的夜不能寐，终于换来了我最期待的结果，此时，成就感和自豪感是无以言表的。

成单过程看似简单，我却经历了一系列不为人知的艰辛。三次打样，两次改良，熬夜到凌晨四点等着产品最终图样的确认……不过，结局是完美的，一切付出就都是值得的！

大货确认后的第二天，我带Ali游历了深圳，此行让Ali对中国产生了浓厚的兴趣，表示一定要学好中文、周游中国。

游历期间，Ali给我讲了一些他做生意的心得，其中让我印象最深刻的一段话，翻译成中文后的大意如下。

做生意，彼此间的信任是一点一滴积累起来的，这一过程需要很多年，但有时候，一件小事就可能导致多年建立起来的信任毁于一旦。对于合作伙伴，我只重视两方面的考察，一是业务员认真仔细，与客户沟通时，做到有问必答；二是供应商坦诚负责，面对客户提出的问题，不要经常顾左右而言他，浪费彼此的时间。

这番话，让我终身受益！

在我看来，能否与一个客户达成合作，影响因素很多，但其中最重要的，永远是业务员认真、负责、不敷衍的态度，没有谁会一直好运连连，也没有谁会一直倒霉到喝凉水都塞牙，能否立于不败之地，在于你能否永远保持真诚的初心。

8.2 来自大洋彼岸的礼物

这个案例的主人公名叫Chris，是一位来自美国的老爷爷。我之所以称其为"老爷爷"，是因为感觉听起来比较亲切，实际上，他只稍稍比我的爸爸年长几岁。

我与老爷爷的第一次接触发生在2017年2月21日，那天，我在阿里巴巴国际站上做了一个访客营销，当天晚上就收到了来自老爷爷的回复。不过，我第二天早上报完价之后，老爷爷没有再次发消息给我。由于平台限制，邮件地址被隐藏，想通过已知信息查到更多客户资料，我只能从公司名称下手。

我在网页上搜索了老爷爷所在公司的名称，查到了他的公司网站，然后通过网站了解到，这是一个历经几十年风雨、以生产游戏机为主业的公司，会用到我们的产品。同时，我还找到了老爷爷公司的info公共邮箱。我灵机一动，想着既然知道他叫Chris，不妨代入姓名，看能不能查到他本人的工作邮箱。结果，运气是真不错，我试出了属于老爷爷的有效邮箱。

在接下来的邮件中，我先进行了自我介绍，然后把在阿里巴巴国际站后台跟他聊天的内容截了图，一起发送至他的邮箱，希望能够提高回复率。这一次，我很快收到了回复！

建立联系后，没有讨价还价，老爷爷很快在我这里下了样品单，并在收到样品后，痛快地下了大货单，过程顺利得有点不可思议。之后，他就成了我常常联系、闲聊的主要客户之一。

现在回想起来，我们真正成为朋友，是通过在QQ上聊天。有一次，老爷爷的订单全部做完交货了，他开玩笑地跟我说："Elisa，我的货交完了，以后你会不会不跟我聊天了啊？"我说："当然不会，我们可以随时聊。"可能是因为跟中国供应商打交道比较多，老爷爷知道很多中国传统节日，每逢过节，他都会发来祝福信息，祝我节日快乐，而到了万圣节、圣诞节等西方节日的时候，他也会发来他和家人欢度节日的照片，让我了解国外的风土人情。

2017年圣诞节，我给老爷爷做了一张独一无二的圣诞贺卡，并在正文中道出了我对他的感激。

Dear Chris,

When I decided to send you the "Christmas Card", I felt nothing can explain my feelings of gratitude.

I really have so many words to say!

It's you that let me know "what the best customer is in the world";

It's you that let me know "language is not a problem, and age is not a problem, if you want to make friends with someone";

It's you that let me know "sincerity applies not only to life, but also to work";

It's you that let me know "trust is the most important thing in our life";

…

If we have positive energy ourselves, the world will be what we want it to be!

I love my job, just because of you and all the good customers like you!

Merry Christmas, Chris!

Also, please pass my wishes on to your family!

Elisa

翻译注释：

亲爱的克里斯

当我决定送这张圣诞贺卡给你时，我的感激之情无法用语言来表达。

我真的有很多很多话要说！

是你，让我知道"什么是这个世界上最好的客户"；

是你，让我知道"语言不是问题，年龄也不是问题，如果你想和一个人交朋友的话"；

是你，让我知道"真诚不仅适用于生活，也同样适用于工作"；

是你，让我知道"信任是我们生命中最重要的事情"；

……

如果我们自己充满正能量，世界将会如我们所愿！

我热爱我的工作，只因为有你和所有像你一样的好客户！

克里斯，圣诞快乐！

另外，请把我的祝福转达给你的家人！

伊莉莎

老爷爷收到圣诞贺卡之后,当天晚上就在QQ上回复了一段感人肺腑的话。

Oh, my dear Elisa. You have brought me to tears. Your thoughts and words are so kind and heartfelt. In the short time I have come to know you through our business relationship, you have shown me in both words and efforts that you truly care, not only about the business, but about your customers, and me in particular. I have grown to trust you very much, and that endears you to me as well. I can truly say it is a form of love. I have strong feelings for your safety and security and happiness. I want you to succeed and I want to be a part of that success with you. I hope we are together as friends forever.

翻译注释:

哦,我亲爱的伊莉莎,你把我感动得泪流满面。你的想法和话语是如此亲切和诚挚。在我因为我们的业务关系认识你的短时间内,你用言语和努力向我表明你真正关心的不仅仅是业务,还有你的客户,尤其是我。我已经非常信任你,也很喜欢你。我真的可以说,这是爱的一种形式。我强烈地希望你可以得到安全保障和幸福。我希望你能成功,我想和你一起成功。我希望我们永远像朋友一样在一起。

后来,老爷爷还表示,他准备把手上所有的LED相关订单都转给我,并说:"I do business with your company just because of you!(我和你

的公司做生意，只是因为有你！）"

2018年，随着业务发展，他的订单从原来的常规产品订单变成了更加复杂的定制款产品订单，需要我们根据游戏机的尺寸和形状，确定灯具的具体安装方式。这要求我除了要了解自家灯具，还要学习一些别的知识，需要花费的精力更多，也必须更加用心。久而久之，我似乎成了他的"小助理"，而他对我的信任也越来越深，每张订单，他都会让我提建议，是直接做大货好，还是先做样品好，在我说出自己的想法后，十有八九，他会按我说的做。

他让我最感动的一句话是"订单交给你，我放心"，甚至有一次，他直接抄送了一封邮件给我，那是一个从我们公司离职后自己创业的同事发给他的，老爷爷当时给予的回复是："I am doing business with Elisa now. I will never change the supplier!（我现在在和伊莉莎合作，我将永远不会更换供应商。）"

2018年4月到6月，我生活中接连发生了两个不可思议的大变故，老爷爷得知消息后，第一时间跟我说："如果你需要帮助，我虽远在美国，依然会不遗余力地帮助你。如果你需要钱，我可以马上汇一笔钱帮你渡过难关。"让我在人生的至暗时刻感受到了来自大洋彼岸的别样温暖。

2019年，我为老爷爷向领导申请了一个福利，即如果以后他的订单的收货地址在国内，我会为他包邮寄出，并把正式承诺书发给了他。老爷爷收到后很开心，连声说感谢。

除了工作，老爷爷还经常与我分享他的生活，俨然把我当成了他的知心好友。跟了他很多年的助理因为搬家不得不辞职，他很伤心；

他买了新车，会第一时间发图片给我，问我新车气派不气派；他养了宠物狗和宠物猫，也会发照片给我……我曾经真诚地跟老爷爷说：

"You are not only my customer, but also my friend. Perhaps you are not only my friend, but also one of my relatives like my father.（你不但是我的客户，还是我的朋友。或许，你也不仅仅是我的朋友，更是一个像我父亲一样的长辈、亲人。）"

最近，他得知我喜欢看书，并在坚持写文章，便直接给我买了一个最新款Kindle，还不忘贴心地配了一个皮套。

这个Kindle，先寄到了美国，待老爷爷检查完毕，再从美国寄到我手里，最终的花销远超实际价值，但情义无价。待我收到后，老爷爷还跟我说："你不要因为珍惜这个Kindle，过于小心翼翼、不敢使用，如果有破损或用坏了，跟我说，我再买给你！"

有些业务员做外贸工作多年，都未必能碰到一个真心相交的客户，而我，竟如此幸运。也许，这足以证明：虽相隔万里，真心不惧距离。

8.3 迟到的付款水单

在工作中，我经常听到外贸新人问："报价后，客户不及时回复怎么办？"

做外贸工作，心态很重要！不要因为客户一时不回复，就胡思乱想、焦虑不已，甚至急病乱投医，不断地给对方发消息，引起对方的反感。一时"不理睬"，不代表客户对你有所不满，也不代表客户一定在联系其他供应商，或许是他还没有决定自己需要采购的产品数量，或许是他的终端客户出了问题，或许是中间的某个环节还没捋顺……身为业务员，唯一能做的就是做好自己该做的每一步，多设身处地地为客户着想，凡事淡然处之，抓住机会，但不过分强求。善于控制情绪，是一个合格的业务员必须具备的特质。

本节案例的主人公名叫Farid，是公司老同事离职后留下来的客户，中间经过三次交接——同事C离职，交接给了同事K；同事K离职，交接给了部门主管R；R离职后，客户一度被"冷落"。

因为交接多次，而且这个客户只在K手里成交过一个几乎可以忽略不计的小订单，所以公司并没有把他当作重点客户来安排。R是公司的元老级员工，她离职之后，领导让我对她的工作邮箱里所有未分出去的客户进行逐一整理，把那些具有潜力的客户筛选出来重新跟进，这个客户才得以"重见天日"。

2019年，我在对这个客户之前发过的询盘信息进行了分析，并对对方的公司网站进行了了解后，锁定了我们生产中的一款产品，给他写了一封开发信。

Hello, Farid,

How are you doing?

This is Elisa from ××. I will be in charge of your future business instead of R.

Through your previous e-mails, I got you purchased one DMX encoder from my former colleague named K.

Actually, we have some saleable pixel lights on sale, such as:

SJ-10064-DMX

Product details:（产品链接）

Project for reference:（项目链接）

It can be as a tube that can replace the one you showed on your Facebook.

The length can be customized. More LEDs inside can also be provided.

Samples are also available if you want to test them.

Let me know please if you have any problems or comments. Thanks!

Best regards,

Elisa

翻译注释：

你好，法里德

你好吗？

我是来自××公司的伊莉莎，我将代替R，负责你未来的业务。

通过你以前发送的电子邮件，我得知你从我过去的同事K那里购买过一个DMX编码器。

实际上，我们还有一些很畅销的像素灯正在销售，比如：

SJ-10064-DMX

产品详情：（产品链接）

参考项目链接：（项目链接）

它可以作为一款代替你在脸书上展示的那款产品的灯管。

（这款灯管）长度可以定制，灯管内部也可以提供更多的灯。

如果你想测试一下这个产品的话，我们可以提供样品。

如果你有任何问题或建议，请告诉我。谢谢！

致以最诚挚的问候，

伊莉莎

很快，我收到了客户的回复。

Hello, Elisa,

Thanks for your e-mail. Is it possible to give me a price for this product? I need pixel tubes 50cm quantity 100 with the supply of cable and power. I have Madrix with a DMX encoder.

Farid

翻译注释：

你好，伊莉莎

感谢你发来的邮件。有没有可能告诉我这款产品的价格？我需要100条50厘米长的像素灯管，带端子线和电源。我有可以用麦爵士软件的DMX编码器。

法里德

我确认了一些产品细节之后,发了PI(形式发票)给客户,并回复邮件如下。

Hi, Farid,

Elisa again!

Attached is the updated PI for this order. I add 5PCS XLR5 connector cables for free charge for you.

I know you paid previous orders by PayPal. How about Alibaba this time?

They both protect buyers' rights and interests well.

Or how about bank transfer?(bank information in the PI)

Please let me know if you have any problems. I'll try my best to meet all your reasonable requirements.

Best regards,

Elisa

翻译注释:

你好,法里德

这封邮件依然来自伊莉莎!

附件中有这张订单更新后的PI(形式发票),我加了5条免费的5芯卡侬头端子线给你。

我知道你之前的订单是通过PayPal支付的,这次使用阿里巴巴平台付款可以吗?

它们都能很好地保障买家的权利和利益。

或者,通过银行转账如何?(银行账户信息在形式发票里)

如果你有任何问题,请告诉我。我会尽最大的努力,满足你所有的合理要求。

致以最诚挚的问候,

伊莉莎

我原本以为这是一张十拿九稳的订单,没想到在发出这封邮件之后,我很久没有再收到客户的回复,后续的跟进邮件也石沉大海。一直到2021年2月28日,我才突然再次收到客户的邮件,对方让我在原来的PI(形式发票)的基础上更新订单数量。

时隔一年,客户才下单,周期长得简直有点不可思议,但之后的谈判异常顺利,双方确认了一些订单细节,三天后,客户就把付款水单发了过来。

我不知道在这一年多的时间里发生了什么,但这件事多少给我带来了一些反思。遇到客户得到报价就"失踪"的情况时,很多业务员的内心戏特别多,总觉得这个订单没有希望了,然后开始不断地自我怀疑:"是不是我有哪里做得不到位?""是不是我把价格报高了?"……据我观察,这些忐忑不安的业务员可以大致分为以下两种类型。

1. 没安全感型

这种类型的业务员报完价后,只要当天没收到客户的回复,就急得像热锅上的蚂蚁,开始胡思乱想:"他是不是找别的供应商去了？""他是不是我的同行，在进行套价啊？""他是不是对我报的价格不满意？""他是对我不放心吗？我哪里做得不够好？"……

事实上，完全没必要如此折磨自己。经常自我怀疑，不仅打击自信心，还会影响后续更多的工作，得不偿失，不如放松心态，做好自己能做的事情后，顺其自然。

2. 耐心不足型

很多资深业务员培训新人时，会特别强调提高表达能力的重要性，在我看来，磨炼自己的耐心同样重要，因为在实际工作中，有太多业务员在跟进了几封邮件但没得到反馈时，会选择主动放弃原本有希望合作的客户。

说实话，耐心、坚持，说起来很容易，做起来是另外一回事。对一个客户进行了一次两次无回复的跟进，业务员或许还能勉强调动自己的热情；进行了九次十次无回复的跟进后，很多人难免产生一种心理："我都跟进这么多次了，依然没有回复，还有继续跟进的必要吗？"这时，耐心、坚持就受到了极大的挑战。

所有业务员都想在报完价后立刻成单，出现这种想法时，建议业务员换位思考，把自己代入买家的角色——在我们想买某样东西的时候，每次问完价都会立刻付款吗？不砍价的人当然有，但毕竟是少数，大部分人买东西会结合实际情况，在价格上有一番计较，不管是为自己买东西，还是为公司买东西。

己所不欲，勿施于人，这样想一想，业务员或许会对询价后不下单、陷入犹豫的客户多一些理解与耐心。

在本节的案例中，整整一年，看似Farid并没有给我什么回应，但改变总是在潜移默化中发生的。我相信，我的每一封跟进邮件他都有看，我更相信，那么多封跟进邮件，一定给他留下了深刻的印象，不然何来一年后的主动下单呢？

很多业务员遇到客户不回复的情况时，心里都会想"客户为什么不回复我"，而忽略了"我怎么做才能让客户记住我，在下一次有需求时主动联系我"。

客户的采购需求不是一次性的，这次未合作，还有下次，机会多着呢！只要你能被他记住，并通过后续跟进一点点加深他对你的印象，还愁找不到合作的机会吗？比别人多坚持一段时间，没准就能打败那些耐心不足的竞争对手，成为最后的赢家。

或许有业务员会说："我知道想要成单，必须加深客户对我的印象，但是我不知道该怎么跟客户沟通。都聊些什么？从哪里找话题？"每个客户的性格不同，感兴趣的点也不一样。在你谈产品谈无可谈的时候，不妨静下心来，回想一下他曾经有意无意给你透露的兴趣点、关注点，把那些点挖出来，延伸、再延伸，通常可以找到无数个聊天切入点。

所以，别再说不知道该跟客户聊什么，把自己当成客户，换位思考一下，如果你是他，你想听到什么，事情就变得容易了。

对待客户，请务必专业、用心、耐心，这样的你，客户怎么会不印象深刻？

8.4 消失已久的客户，又返单了！

前几天，我跟自己负责指导的一个外贸新人聊天。谈起客户返单的情况，她立刻一脸委屈地表示，自2018年入职以来，她负责对接的客户很少稳定下单，导致她的业绩忽高忽低，不知道问题究竟出在哪里。

我问她，跟进客户时都聊些什么，她说，主要是推荐产品，很少闲聊，感觉跟客户的关系很疏离。我想，这应该是多数外贸新人的真实写照！

正好，不久前，我对接了一个消失四年后突然返单的客户，就以这个客户为例，讲讲业务员怎么做才能让客户记住你、信任你、给你返单。

2017年，我在公司的客户信息库里找到了一个比利时客户，Matthias。公共邮箱里，与Matthias相关的邮件不多，一位已离职的同事曾在2014年给他发过两款灯条的样品，后期，也有别的同事陆续跟进过，但客户都没有回应，慢慢地，他就被公司的业务员们放弃了。

我看到，这位客户的最后一封邮件发送于2015年，是写给曾经跟他合作的业务员的，大概内容是他对收到的两款灯条的样品很满意，正在寻找提供灯珠的供应商，不知道业务员能不能帮他。

我看到了合作的可能性，便根据客户的邮箱后缀查到了对方的公司网站。结合之前的来往邮件，我发现客户当初咨询的两款灯条的灯珠现在已经升级改版了，我们公司就可以做。而且，他问过的一款我们公司当时做不了的像素屏，现在也可以做了。

于是，我在两年后的2017年，给客户写了一封邮件。

Hi, Matthias,

This is Elisa from ××.

I got your information from our customer database, because you purchased WS2812B LED strips a long time ago. Actually the updated chip is SK6812 now. Besides, 16×16cm pixel panels are what you have been looking for before, and now we can do that.

Do you want one sample with a SK6812 chip for testing?

I'm looking forward to your reply.

Kindest regards,

Elisa

翻译注释：

你好，马蒂亚斯，

我是来自××公司的伊莉莎。

我从我们公司的客户数据库中得到了你的信息，因为你很久以前购买过一款型号为WS2812B的灯带。实际上，现在这款灯带升级了，升级更新后的芯片型号是SK6812。另外，你之前寻找过16×16厘米的像素屏，现在我们可以生产了。

你想要一个带有SK6812芯片的样品进行测试吗？

期待你的回复。

致以最诚挚的问候，

伊莉莎

没有寒暄，没有诧异，客户很快回复了邮件，简单直接。

Hello, Elisa,

can you make customized pixel panels of SK6812_3535? I need a 7×35cm panel, where the spacing between the LED is 4mm. The capacitors can be on the back.

Marthias

翻译注释：

你好，伊莉莎

你能安排制作型号为SK6812_3535的像素屏吗？我需要一个7×35厘米的像素屏，灯与灯的间距是4毫米，电容可以放在后面。

马蒂亚斯

制作定制款样品需要收取100美元开模费，客户很爽快地答应了。因为他本身是做技术工作的，还直接给我们提供了产品设计图，我们立刻安排了生产。

到此时为止，一切都很顺利，没想到，做好PCB板，进入贴片环节的时候，我们发现，由于灯与灯之间的间距太小，产品的不良率很高，客户需要三个样品，我们有备无患地安排制作了五个样品，仍然只有一个是达到质量要求的。

于是，我与客户协商，询问能否先把这一个质量达标的样品发给他，同时发两个不良品，由他自己测试一下，看是否需要改进设计。如果可以进行设计上的调整，我们再按照新的设计方案，补做两个质量达标的样品。

客户答应了，但他收到样品后，我跟进了很多次，他不是说自己太忙，就是说再等等，就这样，一拖就拖了一年。

这一年中，两个没发的样品像两块大石头一样压在我心里，2018年，我主动跟领导商量，为客户补发两个质量达标的样品，或者退还共计90美元的样品费，领导同意后，我给客户发了一封邮件。

Hello, Matthias,

How is everything going with you?

We made a customized SK6812_3535 pixel panel for you last year, Please see the picture below. Something still hasn't been solved by now. That is enlarge the expanding the spacing by 1mm means the center distance is 5mm instead.

We haven't received your any confirmation yet. Could you tell me if you have canceled that project?

By the way, I'm always keeping it in my mind that we have $90 to return to you. Would you like some other products instead?

Kindest regards,

Elisa

翻译注释:

你好,马蒂亚斯

一切都还好吗?

去年,我们给你定制了一款型号为SK6812_3535的像素屏,请查看随附的图片。截至目前,仍有问题没得到解决,即扩大间距1毫米,意味着用5毫米的间距代替(4毫米的间距)。

我们还没有得到你的确认信息,你能告诉我这个项目的情况吗?你是否取消了这个项目?

顺便说一下,我一直记得,我们还有90美元(样品费)没有退还给你。你需要购买别的产品来代替吗?

致以最诚挚的问候,

伊莉莎

客户很快给出了回复,具体邮件内容如下。

Hello, Elisa,

We haven't finished that project. I'm using the sample, which is very successful for me, and I still think it would to great if you were able to make it.

You can keep the $90 for all the effort you made to make this work.

Should I need any more customized SK6812 or other to make, you will be the first I contact!

Kind regards,

Matthias

第8章 成单实例解析：意外的惊喜

翻译注释：

你好，伊莉莎

我们没有结束那个项目。我正在使用那个样品，对我来说，它非常棒，我仍然觉得，能够由你完成对它的制作是一件非常好的事情。

你可以保留那90美元，因为你在尽全力完成这个工作。

如果我需要定制更多型号为SK6812的产品或其他产品，你会是我第一个联系的人！

致以诚挚的问候，

马蒂亚斯

看到客户这样的回复，你是什么感觉？我相信肯定会有业务员说我傻，90美元而已，过了一年，客户自己都无所谓了，也没有再追究，为什么我一定要想办法返还给客户？我觉得，这是一个态度问题。

我们不能因为客户不追究，就让事情不了了之，做事要有始有终，对客户下的每一张订单负责是业务员的本职工作。想要与客户保持长久的合作关系，必须以诚待人。

后来，我对这个客户的跟进并没有像跟进其他客户一样频繁，因为我知道他需要的大多是定制产品。只有在其他同类客户有定制款订单的时候，我才会将相关产品发给他参考一下，看看他有没有类似的项目需要我帮忙。

2021年春节期间，客户主动针对几款产品进行了询价，春节假期后，我按照他的要求，推荐了几款产品的样品给他。收到样品后，客户对其中一款产品的芯片很感兴趣,想用那个型号的芯片定制一款产品。谈完所有细节,原本决定先打样的他,竟带着让我意外的信任发来一封邮件,征求我的建议。

Hello, Elisa,

For that price I would receive a 5m LED strip. I assume you will test the strip to see if it works? And I do not think there will be any problem?

I ask because I need a total of 60m (maybe in rolls of 5m) and if you are sure they will work, you can make the order directly for 60m.

If you think I should test it first, I will buy the 5m LED strip first.

Please let me know your advice.

Matthias

翻译注释:

你好,伊莉莎

根据我们谈好的价格,我会收到5米的LED灯带。我想,你会测试这些灯带,看它们是否能正常工作吧?而且我认为,应该不会有什么问题吧?

我这样问,是因为我总共需要60米(可能是5米一卷),如果你确定它们能够正常工作,可以直接做60米的货。

如果你认为我应该先测试一下,我会先买5米的LED灯带。

请让我知道你的建议。

马蒂亚斯

对于这份信任，我诚恳地给他回复了一封邮件。

Hello, Matthias,

Thanks for your trust very much!

Yes, don't worry. We'll make the drawing and send it to you for confirmation first, then produce it after your approval.

In addition, I'm sure that we'll test the strip and send you testing video before delivery.

I think it's better to make 60m directly. It will help you save more costs and time than 5m (you don't have to do it twice and bear the freight twice) .

Please see attached PI details.

Anyway, I understand your worry, but I will follow it up and make sure that the strip works properly before delivery.

If there is any problem during this process, I will inform you immediately.

Kindest regards,

Elisa

翻译注释：

你好，马蒂亚斯

非常感谢你的信任！

是的，不用担心，我们会先绘制图纸并发给你确认，得到你的批准后再生产。

此外，我保证，我们会在发货前对灯带进行测试，并给你发送测试视频。

我认为，直接做60米大货比较好，和先做5米样品相比，这能帮你节省更多的成本和时间（你不需要做两次货、承担两次运费）。

请参阅随附的PI（形式发票）详情。

无论如何，我理解你的担忧，我会保持跟进，并确保灯带在发货前工作正常。

如果在此过程中出现任何问题，我会立即通知你。

致以最诚挚的问候，

伊莉莎

确定制作方式后，客户追加了两款配件单，我更新了PI（形式发票），他立刻付了款。

从第一次样品订单，到本次大货订单，历时四年。这四年中，我们打交道的次数并不多，我很庆幸因为一次认真负责的跟进，客户记住了我。我想，如果没有那次主动跟进，恐怕这个客户就与我"相忘于江湖"了。

经常有外贸新人问我被客户记住的秘诀是什么，我的秘诀其实就是没有秘诀。用心做好自己该做的每一件事，做人要厚道，对待客户要坦诚。

想要多成单，必须用真心留住客户。

8.5 不知来自何方的"无名询盘"

2021年2月底,我突然收到一个客户的咨询邮件。

Hello, Elisa,

Have a good day!

I am looking for lamps for my amusement park rides. I know that you have automatic and programmable lamps. May you tell me what is the difference between them? What is the difference between connections to power supply?

××

翻译注释:

你好,伊莉莎

祝你有美好的一天!

我正在为我的游乐园设备寻找灯具。我知道,你们有内控灯具和可编程灯具,你能告诉我它们之间的具体区别是什么吗?接线到电源上的区别又是什么?

××

这封邮件发自一个私人邮箱,我在网上搜索了半天,没找到任何有价值的信息。我不知道对方的来历,更不知道对方是怎么得到我的联系方式的，便试探性地回复了一封邮件，重点讲了一下内控灯具和可编程灯具的区别，并在邮件的最后问他："Do you want free samples for different items, so that you can check and get more details of them?（你想要不同款式灯具的免费样品吗？以便你能进行测试，并了解有关它们之间的区别的更多细节。）"

客户很快回复了邮件，依旧简短。

Hello, Elisa,

Thanks. Firstly send me the photo and price for automatic and non-automatic lamps that you can provide. I need 360-degree RGB color lamps.

××

翻译注释：

你好，伊莉莎

谢谢，请先给我发一下你能提供的内控灯具和非内控灯具的图片和价格，我需要360度发光的全彩灯具。

××

了解客户的具体需求后，我按对方的要求给他推荐了几款产品，并告诉他，制作360度发光的全彩灯具需要收取150美元开板费。对于这封邮件，客户并没有回复，于是，两天后，我主动跟进，发邮件给客户提了建议。

Hello, ××,

It's to be regret that I haven't received your any response about the lamps you mentioned before. I think it's better to send you free samples for testing first, then you can make a comparison and check them more clearly.

We decided to send you below items as free samples:

3PCS SJ-4512S-24V & 3PCS SJ-459-AU

Kindest regards,

Elisa

翻译注释：

你好，××

很遗憾，我还没有收到你对你之前提到的灯具的任何回应。我觉得，先给你寄免费样品进行测试比较好，你可以对比一下（不同款式的灯具），了解得更清楚。

我们决定给你邮寄以下产品作为免费样品：

3件 SJ-4512S-24V 和 3件 SJ-459-AU

致以最诚挚的问候，

伊莉莎

这一次，客户回复了邮件，明确了订单数量和款式要求。

Hello, Elisa,

Sorry for late reply. I need programmable lamps. Send me the price for 1000PCS of 60mm/45mm and 35mm, and the price should include controllers and power. I need 360PCS 360-degree lamps.

××

翻译注释：

你好，伊莉莎

抱歉回复晚了。我需要可编程灯具，请对60毫米、45毫米和35毫米各1000件进行报价，报价中要包括控制器和电源的价格。我需要360件360度发光的灯具。

××

我严格按照客户提出的要求进行了报价，并在邮件中告知生产周期。

Dear ××,

Please find attached quotation including all items you mentioned. Discounts are provided as per your quantities. Normally the production time is around 7~10 working days.

Kindest regards,

Elisa

翻译注释：

亲爱的××

请查收附件，附件中有你提到的所有产品的报价，根据你所订购的数量，已经提供了折扣。通常，生产周期是7~10个工作日。

致以最诚挚的问候，

伊莉莎

然而，客户又没有回复。此时，我想到了一个与我合作多年的老客户，是这个新客户的同行，或许，借那个客户的合作案例，我可以敦促一下这个客户，帮他尽快作出决定。于是，我又发了一封邮件。

Dear ××,

The quotation has been sent to you for several days. Could you let me know your final decision or any comments please? If you are worrying about the quality, I can send you free samples for testing first. By the way, as you said you are looking for lamps for your amusement park rides. Actually I have a customer who bought a lot of lamps for his rides as well. Please see pictures below for your reference. I'm not sure if you know ××. We have been working with it for more than 3 years.

Kindest regards,

Elisa

翻译注释:

亲爱的××

报价已经发给你好几天了,可以让我知道你的最终决定或意见吗?如果你担心产品质量,我可以先发免费样品给你进行测试。顺便提一下,你说过,你正在给你的游乐园设备寻找灯具,事实上,我有一个客户也为他的游乐园设备买了很多灯具,随附的图片供你参考。我不确定你是否知道××公司,我们与该公司合作已经超过三年了。

致以最诚挚的问候,

伊莉莎

收到这封邮件后,客户回复邮件,修改了订单数量。

Dear Elisa,

I need 300PCS 45mm lamps, 300PCS 60mm lamps, and two controllers, which are RGB 360-degree non-waterproof. Can you calculate how many boxes they will be packed in? I will make sure of the delivery. Thanks!

××

翻译注释:

亲爱的伊莉莎

我需要300件45毫米的灯具、300件60毫米的灯具、2台控制器——360度全彩发光、不防水。你能计算一下(这些产品)需要打包几箱吗？我核实一下发货方式。谢谢！

××

接下来，就是按部就班地沟通付款方式、确定订单细节、安排生产、发货……

总的来说，这张订单的跟进并没有太大的难度，过程中也没有用到特殊的跟进技巧，我想，多数业务员碰到这样的客户，都是可以成单的。

之所以讲述这个案例，是因为我们建立联系的方式很特别，或许能给外贸新人们一些启示。他能找到我，不是看到了我在各个社交平台上留下的邮箱地址，就是听别人介绍，慕名而来。不管是哪一种可能性，都需要时间的积累。

很多业务员，刚注册了Facebook，就想收获大批客户；刚开通了工作邮箱，就想收到大量询盘信息，都是不现实的。就像小孩子学走路，爬都没学会，怎么可能会站起来跑呢？凡事欲速则不达，愿所有外贸新人都能深深扎根、慢慢成长，逐渐成为能够独当一面的资深业务员！